혐오와 차별은
어떻게 정치가 되는가

일러두기
- 본문에 표기된 외래어는 국립국어원 외래어표기법과 용례에 따랐다.
- 정당명의 경우 특별히 구분하기 위해 고유명사로 붙여 처리했다.
- 지은이의 추가 설명은 각주로, 옮긴이의 추가 설명은 [−옮긴이 주]로 표기했다.

THE FAR RIGHT TODAY

혐오와 차별은 어떻게 정치가 되는가

열 가지 키워드로 읽는 21세기 극우의 현장

카스 무데 지음 | 권은하 옮김

위즈덤하우스

정당 및 단체 약어 설명

약어	영문명	정당/단체명
AfD	Alternative for Germany	독일을위한대안
ANS/NA	Action Front of National Socialists / National Activists	국가사회주의자/국가활동가의행동전선
APF	Alliance for Peace and Freedom	평화와자유를위한동맹
B&H	Blood & Honour	블러드앤아너
BJP	Indian People's Party	인도인민당
DF	Danish People's Party	덴마크인민당
EAF	European Alliance for Freedom	유럽자유연합
EDL	English Defence League	영국수호리그
EKRE	Conservative People's Party of Estonia	에스토니아인민보수당
ENF	Europe of Nations and Freedom	국가와자유의유럽
ESM	European Social Movement	유럽사회운동
FN	National Front(France)	국민전선
FPÖ	Austrian Freedom Party	오스트리아자유당
FvD	Forum for Democracy	민주주의포럼
GRECE	Research and Study Group for European Civilization	유럽문명을위한연구그룹
KKK	Ku Klux Klan	큐클럭스클랜
LN	Northern League	북부동맹
LPR	League of Polish Families	폴란드가족연맹
L'SNS	Kotleba-People's Party Our Slovakia	국민정당–우리의슬로바키아

약어	영문명	정당/단체명
MHP	Nationalist Action Party	민족주의자운동당
MSI	Italian Social Movement	이탈리아사회운동
NF	National Front(UK)	국민전선
NMR	Nordic Resistance Movement	북유럽저항운동
NPD	National Democratic Party of Germany	독일국민민주당
ONP	One Nation Party	원네이션/일국당
PEGIDA	Patriotic Europeans Against the Islamization of the Occident	서양의이슬람화를반대하는애국유럽인
PiS	Law and Justice	법과정의
PVV	Party for Freedom	자유당
REP	The Republicans	공화당
RN	National Rally	국민연합
RSS	National Volunteer Organization	민족봉사단
SD	Sweden Democrats	스웨덴민주당
SNS	Slovak National Party	슬로바키아국민당
SRP	Socialist Reich Party	사회주의국가당
SVP	Swiss People's Party	스위스인민당
UKIP	United Kingdom Independence Party	영국독립당
VB	Flemish Bloc/Flemish Interest	플람스연합/플람스의이익
XA	Golden Dawn	황금새벽당

들어가는 말

2017년 1월, 이슬비가 내리는 어느 흐린 날, 워싱턴DC 의회의사당 계단에서 새로 선출된 미국의 대통령은 그의 전임자들과는 전혀 다른 성격의 연설을 했다. 그 연설을 계기로 지금까지 정치적으로 소외되었던 이들의 분노와 좌절감이 이제 미국 정치계에서 주류로 떠오르게 된 것이다. 새로운 '자유세계의 지도자'는 취임사에서 다음과 같이 말했다.

> 너무 오랫동안, 우리 수도의 소규모 집단이 정부로부터 보상을 받는 동안, 국민이 그 비용을 부담해야 했습니다. 워싱턴은 번창했지만, 국민은 그 부를 나누어 가지지 못했습니다. 정치인들은 번영했지만, 일자리는 사라졌고 공장들은 문을 닫았습니다. 기득권층은 보호받았지만, 우리 국민은 보호받지 못했습니다. 그들의 승리는 당신들의 승리가 아니었고, 그들의 전리품은 여러분들의 전리품이 아니었으며, 그들이 우리의 수도에서 축하하는 동안, 우리나라 전역에서 힘겹게 살아가는 가족들에게는 축하할 일이 거의 없었습니다. 모든 것이 여기서부터 바뀔 것입니다. 지

금, 이 순간은 바로, 당신의 순간이기 때문입니다.

　2017년 도널드 트럼프 대통령의 당선은 이 책에서 이야기하고자 하는 핵심 주제를 여러 방식으로 보여준다. 21세기에 들어오면서 극우far right, 특히 우익포퓰리즘populist radical right이 주류 정치세력이 되고 있으며 보편화되고 있다는 사실이다. 이 책을 마무리한 2019년 5월 현재 전 세계에서 가장 인구가 많은 다섯 국가 중 세 국가(미국, 브라질, 인도)에서 우익포퓰리즘 성향의 정부가 들어섰으며, 전 세계에서 가장 규모가 큰 정당인 인도인민당Indian People's Party(BJP) 역시 우익포퓰리즘 성향을 지닌다. 유럽연합EU에서는 두 국가(폴란드, 헝가리)에서 우익포퓰리즘 성향의 정당이 다수당을 차지하고 있으며, 다른 네 국가(불가리아, 슬로바키아, 에스토니아, 이탈리아)에서도 역시 이런 성향의 정당이 활동하고 있다. 나머지 두 국가(덴마크, 영국)에서도 우익포퓰리즘 정당이 지지를 받고 있다.[1] 그리고 가장 최근에 실시한 유럽선거 결과, 극우 세력은 과거 2009년과 2014년 선거와 마찬가지로 비록 그 규모가 크지는 않지만 유럽의회에서 상당한 입지를 굳혔다.

　내가 네덜란드 레이덴대학교의 학생으로서 극우에 대해 공부하던 1980년대 후반 이후 많은 변화가 있었다. 당시 극우는 마이너한

---

1 논의 대상이 될 만한 극우 정당으로는 애국전선(불가리아)과 덴마크인민당(덴마크), 에스토니아인민보수당(에스토니아), 피데스(헝가리), 동맹(이탈리아), 법과정의(폴란드), 슬로바키아국민당(슬로바키아), 민주연합당(영국) 등이 있다.

정치적 현상이었을 뿐이었다. 신나치주의자들은 체포당할 각오를 하지 않고서는 거리 시위를 거의 할 수 없었고, 반이민정책을 내세운 정당들은 후보등록조차 할 수 없었다. 하지만 오늘날 극우는 정치적으로 주류세력과 연결되어 있고, 점점 더 많은 국가에서 주류세력이 되고 있다. 아래 유럽에서 일어난 세 가지 사례는 이러한 정치적 변화를 잘 설명해준다.

1982년, 헤이그의 네덜란드 의회 앞에 수천 명의 시위대가 광장에 몰려들었다. "그들(나치)이 돌아왔다", "인종차별은 인간을 향한 증오다"라고 외치며 시위대는 7만 표(0.8퍼센트)도 채 얻지 않은 채 상원의원이 된 중앙당Center Party 한스 얀마트Hans Janmaat의 의회 입성에 반대했다. 이후 30년이 넘는 세월 동안, 네덜란드 의회는 150명의 의원 가운데 22명의 극우인사를 의회에 들이는 데 아무런 반대에 부딪히지 않았고, 극우 정당들이 성장하며 중앙 정부의 방침에도 입김을 넣어 다음과 같은 정책을 펼치도록 지지하고 있다.

네덜란드는 이민자의 나라가 아니다. 이민을 중지하라!

1999년, 오스트리아자유당Austrian Freedom Party(FPÖ)은 의회 선거에서 26.9퍼센트의 득표율로 2위를 차지하며 정당 역사상 가장 큰 선거 성공을 거두었다. 그다음 해에 자유당이 정부에 입성했을 때, 그들은 대규모 시위와 국제적인 불매 운동에 맞닥뜨렸다. 이후 2018년, 자유당이 정권에 다시 복귀했을 때 그들을 반대하기 위해 거리로 나와 시위하는 오스트리아인은 거의 없었고, 국제사회는 사실상 아무런 항의도 없이 이들을 받아들였다.

마지막으로, 2002년 프랑스에서 국민전선National Front(FN)의 장마리 르펜Jean-Marie Le Pen 대표가 16.9퍼센트로 대선에서 표를 얻었을 때, 대부분의 프랑스 국민은 공포에 휩싸였다. 그 결과 2차 투표율이 상당히 높아졌고, 르펜은 1차 투표 때보다 1퍼센트 정도 증가한 17.8퍼센트의 표를 얻었다. 15년 뒤, 그의 막내딸 마린 르펜Marine Le Pen이 2차 투표에서 21.3퍼센트의 표를 얻었다. 이번에는 15년 전과 달리 2차 투표에 참여한 인구수가 더 적었고, 마린 르펜은 총 33.9퍼센트의 지지를 받았다. 마린 르펜이 아버지의 2002년 대선에서보다 득표율을 거의 두 배로 올리자, 대부분의 프랑스 국민은 그 사실에 분노하기보다는, 적어도 그녀가 이기지 못했다는 사실에 안도했다.

위의 예시들은 전후 극우 세력의 제3의 물결과 제4의 물결의 근본적 차이를 보여준다. 제3의 물결은 1980년대부터 2000년대까지의 시기로, 주요 정당들이 종종 그들을 정치적 연합에서 제외시키고, '그들의' 쟁점 사안을 다루지 않으면서 비록 정치적으로는 비주류 세력으로 머물긴 했지만 우익포퓰리즘 성향의 정당들이 중앙 정치 무대에 모습을 드러내기 시작했다. 제4의 물결은 21세기에 들어와서 시작되었다.

극우 정당이 유럽뿐 아니라 전 세계적으로도 주류 정치세력이 되고, 점차 보편화되고 있는 시기다. 언론과 정치를 중심으로 반유대주의antisemitism와 역사수정주의historical revisionism, 인종차별주의racism

등 극도의 혐오정서가 공개적으로 퍼져나감에 따라, 심지어 극단우익 성향의 정당이 출현하기 시작했다.

이 책에서는 전후 극우 세력이 주도하는 제4의 물결에 관해 쉽고도 간결하게 요약, 서술하고자 한다. 전문가들이 관심을 보일 만한 몇 가지 독창적인 주장을 담고 있기는 하지만, 무엇보다도 비전문가인 일반 독자를 대상으로 한다.

꾸준히 뉴스를 접하는 사람들은 점차 세가 증가하는 극우 세력에 대해 우려를 표하고 있다. 이에 관한 언론의 심도 있는 분석과 통찰은 부족하다고 느끼지만, 그렇다고 전문서적이나 일반도서는 내용이 너무 복잡하고 길어서 이해하기가 어렵다. 이 책은 극우와 관련해 내가 직접 수행한 연구를 포함해 지난 25여 년에 걸쳐 학계에서 수행된 연구결과를 집대성한 후 소주제별로 10가지 장으로 나누고 이해하기 쉽게 풀어서 요약한 책이다.

책을 읽고 난 후 독자들이 극우가 어떻게 21세기 자유민주주의를 위협하는지 좀더 잘 이해하고, 스스로 자유민주주의를 지켜나갈 수 있다는 자신감을 갖게 되었으면 한다. 하지만 본격적으로 그 일을 하기에 앞서 우리가 가장 먼저 해야 할 일은 일반 대중은 물론 전문가 간의 토론에서조차 이 주제를 복잡하고 혼란스럽게 만드는 몇몇 전문용어에 대해 정의를 내리는 일이다.

▎이 책의 전문용어에 대한 정의

이 책에서 다루는 주요 개념과 단체들을 언급할 때에는 대개 전문용어를 사용하게 되는데, 이 용어들은 종종 명확한 정의나 설명 없이 서로 교차해 사용되곤 한다. 정확한 전문용어의 사용 여부가 학문적으로만 의미 있는 문제라고 생각할 수 있으나, 사실 이는 정치토론이나 대중토론에서도 대단히 중요하다. 예를 들어, 독일과 같은 국가에서는 '극단우익extreme right' 단체는 그 활동을 금지할 수 있지만, '급진우익radical right' 단체는 금지할 수 없다.

용어의 정의는 당사자보다는 학계의 전문가나 언론인 등 외부에서 이루어지는 것이 대부분이다. 그렇다고 극우 세력이 용어에 대해서 전혀 신경 쓰지 않는다는 것은 아니다. 예를 들어, 국민전선(현 국민연합National Rally(RN)의 전신) 및 오스트리아자유당의 경우처럼 그들을 '파시스트'로 묘사했다는 이유로 학자들과 언론인들이 법정에 서기도 했다. 어떤 이들은 종종 이러한 용어를 더 호의적으로 재정의한 후에, 스스로 '포퓰리스트populist'나 때로는 '인종차별주의자racist'라고까지 선포한다.

예를 들어, 이탈리아의 북부동맹Northern League(LN)의 당 대표인 마테오 살비니Matteo Salvin나 이탈리아 내무부 장관에게 '포퓰리스트'라는 호칭은 모욕을 주려는 목적으로 사용되었지만, 그들은 이를 칭찬으로 받아들였다. 그리고 보수 온라인 언론매체인《브레이트바트 뉴스*Breitbart News*》의 전 CEO이자, 트럼프 대통령의 백악관 선임 고문인 스티브 배넌Steve Bannon은 정당 모임에서 국민전선 지지자들에게 다음과 같이 말했다.

그들이 당신을 인종차별주의자라고 부르게 하십시오. 그들이 당신을 외국인 혐오자라고 부르게 하십시오. 그들이 당신을 이민 배척주의자라고 부르게 내버려 두십시오. 그리고 이러한 모욕을 명예로운 훈장으로 착용하십시오.

우익 성향의 사회적 현상을 좀더 포괄적으로 표현하거나, 그 아래 존재하는 다양한 하위집단들을 아울러 표현할 수 있는, 학문적으로 합의된 용어는 아직 존재하지 않는다. 여러 표현이 있었는데, 학계에서 주로 많이 사용된 표현은 시대별로 달랐다. 처음에는 주로 '신新파시즘'이라고 불렸고, 1980년대에는 '극단우익', 1990년대에는 '급진우익', 21세기 초반에는 '우익포퓰리즘'이라고 부르다가 최근 몇 년 전부터는 '극우'라는 용어를 사용하기 시작했다. 이러한 용어의 변화는 사회적 현상 그 자체의 변화뿐 아니라, 이를 연구하는 학계 내에서의 변화를 모두 반영한다.

이러한 사회적 현상이 좀더 넓은 의미에서 우익 움직임의 일부라는 데 학자 대부분이 동의하지만, 이것이 정확하게 무엇을 의미하는지에 대해서는 합의하지 못하고 있다. '좌익left'과 '우익right'이라는 용어의 기원은 프랑스 혁명(1789~1799)으로 거슬러 올라간다. 당시 국왕의 지지자들은 프랑스 의회에서 의장석 오른쪽에, 반대자들은 왼쪽에 앉았다. 이는 오른쪽의 사람들은 위계질서로 특징지을 수 있는 절대왕정체제(앙시앵 레짐ancien régime)를 찬성했으나, 왼쪽의 사람들은 민주화와 국민주권을 지지했음을 의미했다. 산업혁명 이후, 이

용어는 종교적(오른쪽) 대 세속적(왼쪽) 같은 의미로 쓰이기도 했지만, 주로 우익은 자유시장을 지지하고, 좌익은 국가의 적극적인 역할을 지지하는 사회경제적 정책 측면에서 정의되었다. 최근 몇십 년 동안 사회·문화적 측면에서 좌우익을 살펴보면, 우익은 좌익의 자유주의에 반대되는 권위주의authoritarianism나, 좌익의 국제주의에 반대되는 민족주의nationalism, 또는 국민연합의 지도자 장 마리 르펜의 '애국주의적 세계주의자patriot-globalist'와 같은 관점에서 자신들의 노선을 결정했음을 알 수 있다.

이처럼 좌익과 우익은 그 관점에 따라 여러 다양한 해석이 존재하는데, 이탈리아의 철학자 노베르토 보비오Norberto Bobbio가 설명했듯 그 핵심적 차이는 불평등을 바라보는 시각이다.[2] 우익 성향의 사람들은 불평등이 인간사회에서 자연스럽고 긍정적 현상이므로 정부는 이것을 보호하거나 그대로 놔둬야 한다고 보는 반면, 좌익 성향의 사람들은 인위적·부정적 현상이므로 정부가 나서서 적극적으로 없애려고 노력해야 한다고 본다. 이러한 불평등은 문화와 경제, 인종, 종교 등 모든 측면에서 나타날 수 있다.

이 책에서는 이른바 보수주의나 자유주의와 같은 '주류' 우익이 아닌, 자유민주주의에 적대적인 '반체제anti-system' 성향의 우익에 대해 다룬다. 나는 이것을 극우라고 부르는데, 크게 두 종류로 나눌 수 있

---

2 N. Bobbio, *Left and Right: The Significance of a Political Distinction*, University of Chicago Press, 1997.

다. 극단우익은 민주주의의 본질인 국민주권과 다수통치를 거부한다. 극단우익의 가장 대표적인 예가 독일의 아돌프 히틀러Adolf Hitler와 이탈리아의 베니토 무솔리니Benito Mussolini에게 권력을 쥐어줌으로써 세계 역사상 가장 참혹했던 전쟁을 야기한 파시즘fascism이다. 급진우익은 민주주의의 본질은 수용하지만, 자유민주주의의 기본 요소인 법치나 권력분립, 소수권리 등의 개념에는 반대한다. 극단우익이 혁명을 추구한다면, 급진우익은 개혁을 추구한다. 결론적으로 말하면 급진우익은 국민의 힘을 신뢰하는 반면, 극단우익은 그렇지 않다.

현대정치학에서 포퓰리즘populism이라는 용어가 널리 사용된다는 점을 감안해, 이에 대한 나의 개인적 견해와 극우와의 관계를 짧게 설명하고자 한다. 개인적으로 나는 포퓰리즘을 정치가 사람들의 일반의지volonte generale의 표현이라고 주장하면서 사회를 궁극적으로 두 개의 동질적이면서 서로 적대적인 집단, 즉 순수한 일반인과 부패한 정치인으로 나누고자 하는 얄팍한 이념이라고 정의한다. 이론상으로 볼 때, 적어도 포퓰리즘은 친pro-민주주의인 반면, 반anti-자유민주주의다. 따라서, 그 정의상 극단우익은 포퓰리스트가 될 수 없고, 급진우익은 21세기에 들어와 대부분의 급진우익이 그러한 성향을 보이는 것처럼 포퓰리스트가 될 수 있다.

▎ 이 책의 구성

이 책은 제4의 물결, 즉 21세기의 극우를 주로 다룬다. 극단우익과 급진우익을 포함해 여러 다양한 형태의 극우를 설명하면서 현 시대의 극우를 특징짓는 주요 이념과 조직형태, 특성에 초점을 맞추어 우익포퓰리즘의 지도자와 정당에 대해 논의하고자 한다. 첫 번째 파트(제1장~제5장)에서는 주로 극우 그 자체에 초점을 맞추어 설명하고, 두 번째 파트(제6장~제8장)에서는 정치적 맥락, 주로 서양의 민주주의 측면에서 극우를 다룰 것이다.

제1장에서는 전후 극우 세력의 제4의 물결에 대한 간략한 소개를 연대순으로 제공한다. 제2장에서는 극우에서 다루는 주요 이념과 이슈를 소개한다. 제3장에서는 조직형태에 초점을 맞춰 극우 정당과 사회운동조직, 그 하위 문화공동체의 차이를 설명한다. 제4장에서는 그 초점을 개인에 맞춰 지도자와 당원들, 활동가, 그리고 유권자들에 대해 살펴본다. 제5장에서는 이념을 공유하는 사람들을 모으는 방법, 즉 선거와 시위, 폭력에 대해 살펴본다.

그다음 세 가지 장에서는 정치적 맥락에서 극우를 다룰 것이다. 즉, 제6장과 제7장에서는 경제적 불안이나 문화적 반발과 같은 이슈에 대한 학계와 일반 대중의 토론 결과를 요약하면서 최근의 극우 발흥의 원인과 결과를 논의하고, 오늘날 서양의 민주주의가 직면한 극우의 문제를 광범위하게 다룰 것이다. 제8장에서는 극우의 발흥에 민주주의가 대응하는 여러 다양한 방식에 대해 검토한다.

제9장에서는 극우에서 성별이 어떤 역할을 하는지 앞서 논의된 부분과 관련지어 논의할 것이다. 마지막으로 제10장에서는 전후 극우 세력의 제4의 물결의 주요특성과 그 참신성을 요약하는 12가지의 명제를 소개하면서 이 책을 끝맺고자 한다.

|| 차례 ||

1945년, 세계는 30년 만에 비로소 제2차 세계대전에서 회복되었다. 전쟁으로 인해 7천 5백만 명에서 8천 5백만 명의 사람들이 목숨을 잃었고, 그보다 더 많은 사람이 중상을 입었다. 유럽 전역은 폐허가 되었다. 나치 독일과 소련도 타격을 입었지만, 거의 모든 유럽 국가에서 적국에 대한 협력, 파괴, 점령은 심각한 영향을 끼쳤다. 나치의 전멸과 함께 수백만의 소수 집단도 강제수용소에서 목숨을 잃었는데, 이들은 주로 유대인, 유랑 민족(일반적으로 멸시적인 용어인 '집시'로 지칭됨), 동성애자, 공산주의자들이었다.

유럽 대륙이 파시스트와 반파시스트 사이의 분열에서 회복되고 있을 때, 다시 공산주의자와 반공주의자 사이에 또 다른 분열이 시작되었다. 냉전은 유럽을 자본주의적이고 대부분 민주주의적인 서부와 사회주의적이고 권위주의적인 동부로 분열시켰다. 이들의 분열은 제2차 세계대전 전부터 존재했다. 그러나 반파시즘은 공산주의자와 자유민주주의자들이 서로 의견이 일치하는 몇 안 되는 가치였기 때문에(비록 히틀러와 스탈린이 1939년부터 1941년 사이에 체결한 부정적인 협약이 있음에도), 그들은 파시즘이라는 공동의 위협 앞에서 힘을 합쳤지만, 파시즘이 파괴되자마자 두 진영은 서로에게 치명적인 적으로 돌변했다.

전후의 극우 세력을 다루는 방식에는 근본적으로 국가적·지역적 차이는 있었지만, 반파시즘에 대한 합의는 냉전에서 살아남았다. 공산주의 국가에서의 경우, 다른 모든 비공산주의 사상과 활동과 마찬가지로 '파시스트' 사상과 활동이 금지되었다. 그로 인해 대부분의 동유럽 전쟁부역자들과 파시스트들은 전쟁 중이나 전후에 탄압을 당해 죽거나 주로 미국으로 탈출하는 수밖에 없었다. 탈출한 곳에서 그들은 더 큰 반공산주의 정치망명자émigré 공동체로 통합되어, 매우 우익적인 사상이 되었다.

대부분의 서구 민주주의 국가들, 특히 나치 독일에 점령된 나라들에서도 마찬가지로 짧은 기간 동안 현지 파시스트와 전쟁부역자들은 비사법적·폭력적인 억압을 겪었으며, 많은 국가에서 극우 사상과 활동에 많은 법적 제약을 두었다. 영국과 미국처럼 나치에 점령되지 않은 국가들은 사실상 아무런 제한도 도입하지 않았지만, 독일과 이탈리아는 공식적으로 '신파시스트' 사상과 움직임을 금지했다(제8장 참조).

이처럼 서로 다른 법적 체계와 사회적 압력에도, 제2차 세계대전은 유럽 국가들을 "두 번 다시는 돌아가지 않겠다"라는 교훈으로 뭉치게 만들었다. 이 교훈은 경제를 통합하고, 각 나라의 주권을 느슨하게 하여 배타적인 민족주의에 대항하는 방벽을 만들려는 유럽 통합 과정의 핵심이었다.

▌ 전후 극우의 제3의 물결: 1945~2000년

1988년, 독일의 정치학자 클라우스 폰 바이메Klaus von Beyme는 전후 서유럽에서 극우 정치의 제3의 물결을 포착했다.[3] 제3의 물결의 정확한 특징과 시기에 대해서는 약간의 논란이 있지만, 그가 정립한 모델은 20세기 후반에 극우가 형성된 방법에 대한 대략적인 밑그림을 제공했다.

▌ 신파시즘: 1945~1955년

극우 정치는 파시즘의 패배를 직접 겪은 이후로 미래지향적이기보다는, 후퇴하는 모습을 보였다. 거의 모든 극우 운동가와 집단이 전쟁 도중에 파시스트들과 협력해왔다는 점을 고려하면, 극우 정치는 거의 보편적으로 거부당할 수밖에 없었다. 또한, 독일이나 네덜란드와 같은 일부 국가에서는 모든 민족주의적 사상 역시 부정적으로 인

---

3 K. von Beyme, "Right-Wing Extremism in Western Europe," *West European Politics*, 11(2), 1988, pp. 1~18.

식되었다. 파시즘을 이념적으로 지지했거나 기회주의적으로 협력했던 대부분의 유럽인은 정치에 무관심해지거나, 민주당과 그 체제 내에서 일함으로써 새로운 민주주의의 현실에 적응해나갔다.

　대의명분에 충실하고, 투옥되지 않은 소규모 파시스트 집단은 주로 사회의 변두리에서 활동했다. 그들은 대부분 '신파시스트'라고 정의되었지만, 그들에게는 별로 새롭다고 할 면이 없었다. 그들은 주로 사회 조직 내에서 조직되었고, 파시스트 시대의 영웅과 순교자들에 대한 동지애와 그들에 대한 사회적 지원을 제공하면서 낡은 이념에 충실한 옛 파시스트들이었다. 이 중 주목할 만한 단체는 벨기에의 생마르탱 기금Saint-Martin Fund과 독일의 전 무장친위대Waffen-SS 병사들을 위한 공제조합과 같은 동부 전선에서 싸웠던 병사들과 그 가족들을 위한 지원을 제공하는 단체들이다. 이 단체들은 그들의 나라가 그들을 반역자라고 취급했기 때문에, 아버지와 남편을 잃고 국가연금도 받지 못한 채 남겨진 수백만 명의 자녀와 아내들을 지원했다.

　신파시스트들이 정치적으로 계속 활동을 이어나가길 원한다면, 그들은 그들에게 적대적인 법적·정치적인 분위기에서 활동해야만 했다. 공개적으로 신파시스트라고 불리지 않기 위해 조심할 때조차, 전(고위) 파시스트들이 이끄는 극우단체들은 대중의 지지를 거의 얻지 못했고, 종종 국가의 상당한 탄압에 직면했다. 대부분의 정당은 선거에 참여하지 못했고, 설사 출마했더라도 선거에서 득표하지 못해 의회 대표를 내세울 수 없었다. 1952년에는 독일 사회주의국가당SRP과 1956년 네덜란드 국가유럽사회운동을 포함한 여러 신파시스트 정당들이 아예 활동을 금지당했다.

예외인 경우도 있는데, 이탈리아의 전직 파시스트 정부 관료 출신인 조르지오 알 미란테Giorgio Al mirante가 이끄는 이탈리아사회운동 MSI이다. 이 정당은 "무솔리니, 당신은 불멸의 인물이다"라는 별칭으로도 불렸다. 새로운 이탈리아 헌법에서는 "어떤 형태로든 간에, 해산된 파시스트 정당을 재조직하는 것은 불법이다"라고 명시적으로 언급했지만, 이탈리아사회운동은 1948년 의회에 입성해 1995년에 '신파시스트' 국가동맹National Alliance으로 변모할 때까지 대표적인 정당으로서 입지를 유지했다. 또한, 이탈리아사회운동은 단기간 운영되었던 페르난도 탐브로니Fernando Tambroni 정부를 위해 1960년 의회 지원을 제공했다.

유럽 이외의 지역에서는, 신파시스트 사상이 미주와 호주의 동유럽 이민자 조직에 종종 등장했다. 신파시스트 사상은 제2차 세계대전이 끝난 후, 특히 파시스트 운동가들과 정치인들, 특히 크로아티아, 헝가리, 슬로바키아의 전쟁부역자들이 이들의 체제에 유입되면서 더욱 강화되었다. 남미에서는 포르투갈의 안토니오 살라자르Antonio Salazar의 신국가체제Estado Novo, 그리고 특히 스페인의 프란시스코 프랑코Francisco Franco의 팔랑헤당Falange과 같은 극우 정권에 의해 관련 단체들이 크게 영향을 받았다.

국가로부터의 소외에서 벗어나려는 시도로, 일부 파시스트 지도자들은 국제 차원의 조직을 만들려고 시도했다. 가장 유명한 시도는 1951년 이탈리아사회운동의 성공에 영향을 받아 스웨덴 말뫼에서 열린 한 회의에서 창설된 유럽사회운동ESM이었다. 이 단체는 당시에 가장 잘 알려진 극우 운동가들과 그들과 밀접한 관련이 있는 대표적인 극우 정당들(이탈리아사회운동과 독일의 사회주의국가당 포함)을 불러모으는 데 성공했다. 하지만 이탈리아사회운동은 짧은 기간이라는 한계점에 부딪혀, 1957년 소멸 상태로 전락했다.

이밖에 이탈리아사회운동에도 관여한 영국의 파시스트 오스왈드 모슬리Oswald Mosley와 1949~1954년까지 유지되었던 유럽해방전선ELF의 창시자인 미국의 변호사 겸 정치학자 프랜시스 파커 야키 Francis Parker Yakey와 같은 사람들에 의해서, 유럽 민족주의를 발전시키려는 다양한 시도를 포함한 극우의 협력이 있었다.

▌ 우익포퓰리즘의 등장: 1955~1980년

소규모 신파시스트 단체는 서구 사회의 경계에서 계속 존재했다. 그러나 이후 수십 년 동안 우익포퓰리즘 정당과 정치인들의 등장은 패배한 이데올로기와 정권에 대한 충성이라기보다는, 전후 엘리트 계층에 대한 반발에 가까웠다. 신파시스트들은 이전 정당에서 많은 역할을 했지만, 이념이나 인사에서 새롭다고 보기는 어려웠다. 우익포퓰리즘 정당들은 전후의 상황, 특히 농촌 지역의 주변화와 복지 국가로의 발전에 반기를 들며 세력을 키워나갔다.

아일랜드의 농업당National Agricultural Party이나 1940년대 이탈리아의 서민전선Common Man's Front 같은 초기 우익포퓰리즘 정당들도 일부 존재했지만, 우익포퓰리즘의 결정적인 움직임은 프랑스의 지도자 피에르 푸자드Pierre Poujade가 이끄는, 일명 푸자디스트로 더 잘 알려진 상공인 옹호 조합이었다.

푸자드주의Poujadism는 지도자에게 초점이 맞춰져 있으며, 반의회주의anti-parliamentarism가 포함되었다는 점에서 파시즘의 여러 특징을 갖추고 있었다. 이들은 프랑스 국회를 "파리에서 가장 큰 매춘 업소"라고 부르며 비난했지만, 공개적으로 반민주적인 입장을 취하지는 않았다. 푸자드주의는 거의 하룻밤 사이에 대중적인 운동으로 성장했고, 1955년에는 약 40만 명의 회원이 집계되었다. 1956년 선거에서 프랑스조합과협회Union and French Fraternity라는 이름으로 52석을 얻었다.

비록 푸자드주의는 1958년 샤를 드골Charles De Gaulle 장군이 제5공화국을 수립하면서 프랑스 정치에서 급격히 몰락했지만, 정치사에서 중요한 유산을 남겼다. 장 마리 르펜은 이 청년 운동의 지도자였으며, 그는 1956년 전후 프랑스 역사상 최연소 국회의원으로 선출되었다(2012년에 그의 손녀인 마리옹 마레샬 르펜이 이러한 모습을 되풀이했다).

푸자디스트 이후 비슷한 성격의 우익포퓰리즘 정당은 농촌의 포퓰리즘 정당, 특히 네덜란드의 농민당Parmers Party이 있었으며 제2의 물결 후반에 등장한 주목할 만한 우익포퓰리즘 정당들은 각기 다른 모습을 보였다. 1973년, 덴마크의 진보당Progress Party은 첫 선거에서 15.9퍼센트의 득표율을 기록하여 정계를 깜짝 놀라게 했다. 진보당은 바로 그 전해에 변호사이자 유명인사인 모겐 글리스트럽 Morgens Glistrup에 의해 창당되었다. 비슷한 성격의 당으로, 처음에는 세금의무공적 개입의 강력한 감소를 주장하며 창당자의 이름을 따 앤더스랭Anders Lange의당으로 명명했다가 1977년에 개칭한 노르웨이의 진보당이 있는데, 같은 해에 그들은 다소 적은 5퍼센트의 표를 얻었다. 두 진보당 모두 그 성격을 "신자유주의적 포퓰리즘neoliberal populist"으로 가장 잘 설명할 수 있으나, 덴마크의 진보당은 높은 세금과 큰 정부에 반발로 러시아에 "우리는 항복한다"는 자동응답기 메시지를 송신하는 것을 정책으로 제시했고, 더 나아가 국방을 완전히 폐기하기를 원했다.

심지어 기존의 극단적 극우(흔히 신파시스트라고 불리는)와 새로운 급진우익 사상, 그리고 인재들이 결합한 일부 새로운 형태의 극우 정당들도 창당되었다. 그러한 정당으로는 1961년에 창설된 스위스국민행동Swiss National Action for People and Nation을 꼽을 수 있으며, 이 시기에 가장 중요하고 지속적으로 유지되었던 당은 1964년에 창당된 독일국가민주당NPD이었다. 독일국가민주당은 전 나치 당원들에 의해 설립되었지만, 미래의 가장 중요한 주제인 비유럽인의 이민을 포함한 전후 문제를 주로 다뤘다. 마찬가지로, 1967년 소규모 단체들의 합병으로 설립된 인종차별주의적 정당인 영국의 국민전선은 1970년대 후반에 "이민 중지"와 "영국을 다시 위대하게 만들기"와 같은 구호 아래 조직되어 이후에도 국지적인 영향을 미쳤다.

미국에서는 좀더 광범위하게 우익포퓰리즘이 주로 반공산주의 운동 내에서 활동을 전개했다. 가장 유명한 우익포퓰리즘 활동은 존 버치 협회John Birch Society와 조지프 매카시Joseph McCarthy 상원의원의 반공산주의 운동이었다. 이들은 공화당의 배리 골드워터Barry Goldwater 상원의원의 대통령 선거 운동에서 새로운 기회를 얻었다. 비록 이들의 활동이 형편없이 끝나기는 했지만, 이는 새롭고 더 급진적이며 보수적인 극우 하위문화의 탄생을 위한 단초를 제공했다.

또한, 눈여겨볼 만한 급진적 우경화는 1968년 미국독립당American Independent Party 소속인 조지 월리스George Wallace 앨라배마 주지사의 출마였다. 미국독립당은 인종차별을 격렬하게 옹호했고, 노골적인 인종차별적 의제로 운영되었다. 월리스는 전후 유일하게 제3당의 후보로 나왔음에도 주들을 석권했으며, 옛 남부 연방에서 총 다섯 번 이상 승리했다. 그는 1860년대 후반과 1920년대 두 차례 번성했던 악명 높은 큐클럭스클랜KKK단을 포함한 옛 남부 연방에서의 인종차별 철폐에 대한 광범위한 반대의 목소리를 대변했다. KKK단은 1960년대에 약 5만 명으로 다시 성장했으며, 그들이 존경하는 시민평의회도 갖추었다. 현재 이들은 세 번째 회복지점에 들어섰고, 대략 25만 명의 회원이 가입되어 있다고 추정된다.

▌급진우익의 도전: 1980~2000년

서유럽에서 극우 정치의 물결은 1980년대 초반에 최초로 시작되어, 1990년대에 실업과 대량 이민이라는 문제를 거론하며 힘을 얻었다. 비록 거의 10년이나 지연된 후 효과가 나타나기는 했으나, 급진우익 정당들은 점진적으로 의회에 진출하기 시작했다.

가장 빨리 진출한 우익 정당은 1978년 선거 동맹을 맺고 벨기에 의회에 진출한 플람스연합Flemish Bloc(VB)이며, 1982년에는 네덜란드의 중앙당이 우익 정당의 명맥을 이었다. 두 정당 모두 약 1퍼센트의 지지를 얻어 각국의 비례선거 제도에서 한 명의 대표자를 선출했다. 1986년에는 14년 전에 설립되었으나 지금까지 전국선거를 성공적으로 치러본 적이 없었던 프랑스의 국민전선이 선거 제도가 바뀌면서 9.6퍼센트의 득표로 35석의 의석을 차지했다. 2년 후, 프랑스는 이전의 다수결 체제로 다시 제도를 바꾸었는데, 국민전선은 이전과 동일하게 득표했지만, 의석은 전혀 얻지 못했다.

제3의 물결에서는 독일의 공화당과 스웨덴의 민주당SD 등 새로운 급진우익 정당 외에 오스트리아자유당, 스위스인민당Swiss People's Party(SVP) 등 과거의 주류 정당들도 포함되었다. 이 정당들은 오스트리아의 외르크 하이더Jörg Haider와 스위스의 크리스토프 블로허 Christoph Blocher와 같은 새로운(공식적이거나 비공식적인) 당수들에 의해 우익포퓰리즘 정당으로 탈바꿈했다. 이 정당들은 이탈리아사회운동을 제외하고, 이전의 극우정당들보다 훨씬 더 오래 정당이 유지된다는 것을 증명했다. 그리고 일부 예외적인 측면도 있지만, 오늘날에도 여전히 극우를 다루는 데 밀접한 관련이 있는 정당들이다.

1989년 공산주의의 몰락 이후, 좀더 구체적으로 초기에는 지역적인 형태로 나타났지만, 구소련의 영토였던 여러 국가에서도 극우 정당이 등장했다. 여기에는 크로아티아권리당Croatian Party of Rights, 슬로바키아국민당SNS과 같은 정당들, 심지어 1930년대와 1940년대에 활동했던 파시스트 중 다시 정당에 복귀한 인사들도 있었으며, 대

大루마니아당Greater Romania Party과 같은 극우적 특징을 공산주의에 대한 향수와 융합시킨 정당들도 포함되었다. 동시에, 불가리아사회당, 러시아연방공산당, 폴란드의 연대선거인단 활동과 같은 비극우 정당에서도 극우 정치인들이 선출되었다.

세기가 바뀔 무렵, 우익포퓰리즘은 유럽 극우 내에서 지배적인 이념으로 자리했다. 국가 및 지역적 차이가 있긴 했지만, 비유럽인의 이민에 대한 반대는 동부에서는 덜 중요시되었던 반면, 서부에서 소수민족들인 집시에 대한 반대는 거의 모든 관련 극우정당들이 이민 배척주의, 권위주의, 포퓰리즘을 내세우며 중요하게 다뤘다(제2장 참조). 그들은 이민자들 또는 토착 소수민족들을 반대하면서 유럽 및 국가의 엘리트 계층을 격렬히 비난했고, 그들 자신을 곧 국민의 생각을 반영하는 목소리라고 표현했다.

1980년대에 소수의 우익포퓰리즘 정당들이 선거를 치렀다. 그들이 참여한 국가에서는 평균 2.3퍼센트의 득표에 그쳤으며, 유럽 전체에서는 1.1퍼센트의 득표율을 기록했다. 이와는 대조적으로, 1990년대에는 대부분의 유럽 국가에서 적어도 하나 이상의 극우 정당들이 선거를 치르고, 평균 4.4퍼센트의 표를 얻었다(32쪽 표 참조). 동유럽에서 가장 높은 득표율은 서유럽보다 훨씬 높았지만, 동유럽과 서유럽의 득표율 차이는 일반적으로 추정된 것보다 현저히 적었다. 크로아티아에서는 45.2퍼센트, 스위스는 26.9퍼센트로 나타났다.

특히 동유럽에서는 극도로 불안정한 정당 체제 속에서 당이 출

연도	평균 득표율(퍼센트)	국가 수	정당 수
1980~1989	1.1	17	8
1990~1999	4.4	28	24
2000~2009	4.7	28	24
2010~2018	7.5	28	24

- 이 표의 평균은 2018년 EU 회원국인 28개 국가를 기준으로 한다. 1980년대는 동유럽이 당시 공산당의 선거법을 따랐기 때문에, 이때의 점수는 서유럽 국가만을 반영했다(출처: Parlgov).

현하고 급속하게 사라지는 등 선거와 조직의 변동성이 높았지만, 1990년대 들어서 여러 우익포퓰리즘 정당들은 국가 정치 체제 내에 자리를 잡기 시작했다. 예를 들어, 국민전선과 북부동맹, 플람스연합은 모두 정치 체제 밖에 있었지만 그들의 국가에서 기성 정당들의 일부로 자리잡았다. 그러나 여전히 선거에서의 성공은 제한적이었고, 이념적·개인적·전술적 차이에 따라 유럽의 극우들은 대부분 초국가적인 결합을 이루지 못했다. 유럽 의회의 정치 단체들은 일부 극우 정당만 포용했으며, 그들 내부에서도 의견 차이로 인해 정당은 오래 유지될 수 없었다(제3장 참조).

유럽 이외의 지역을 살펴보면, 이스라엘에서는 분열된 이스라엘 정당 체제 내에서 극우 정당이 중요한 역할을 맡았다. 1999년 선거 동맹인 국민연합national union으로 의회에 진출한 몰리뎃Moledet과 츠쿠마Tkuma 같은 극우 정당들이 있었다. 1994년에는 랍비 메이르 카하네Meir Kahane가 창당한 신파시스트 정당인 카흐Kach party는 물론 그 후계자인 카헤인 라이브Kahane Lives의 활동도 이스라엘 정부에 의해 금지되었다. 그러나 카하네주의Kahanism는 제4의 물결에서 이스라엘 극우의 지배적인 이념이 될 것으로 예상된다. 남아공에서는 1994년 아파르트헤이트 제도가 종식된 이후 아프리카너 저항운동 Afrikaner Resistance Movement과 같이 공개적으로 인종차별주의를 내세우는 단체들이 지지층을 잃었고, 정치적 폭력이 점점 확산되어 혼란이 가중되었다.

일부 정치인들, 이전 KKK단의 최고 지도자 데이비드 듀크David Duke와 '전통보수주의자paleoconservative'이자 저널리스트 겸 정치인인 패트릭 '팻' 뷰캐넌Patrick 'Pat' Buchanan과 같은 이들이 공화당에서 정치적 기반을 구축하려고 했지만, 극우 정당은 미국 정계의 주변부에서만 활동했다. 호주에서는 극우 정치인 폴린 핸슨Pauline Hanson이 1996년 호주 원주민에 대한 모욕적인 발언으로 호주자유당Liberal Party에서 제명된 뒤, 무소속으로 출마해 의원으로 선출되었다. 이듬해 그는 한나라당One Nation Party(ONP)을 창당했는데, 초기에는 어느 정도 성공을 거두었지만, 이 당은 내부 분열과 갈등을 겪었다.

가장 두드러진 극우의 활약은 1980년, 인도에서 인도국민당 Bharatiya Jana Sangh(BJS)과 자나타당Janata Party이 연합하여 인도인민당이 창설된 것인데, 이들은 곧 정권을 장악하고 있는 인도국민회의 Congress Party에 도전할 것으로 예상된다.

▎ 제4의 물결의 시작: 2000년~현재

21세기의 극우는 제4의 물결에 진입했다. 극우는 2001년 9월 11일의 테러, 2008년 금융 위기, 2015년 난민 위기라는 세 가지 '위기'에서 선거와 정치적인 반사이익을 얻었다. 서구의 모든 민주국가들 역시 영향을 받았고, 국가적·국제적·정치적 지위가 흔들렸으며, 전례 없는 이슬람 혐오와 포퓰리즘 측의 항의가 일어났다.

제4의 물결을 특징짓고, 제3의 물결과 차별화할 수 있는 근거는 극우의 주류화다. 1945년 이후, 주류 정당과 정치인들 사이에서는 극우 정치가 대체로 선을 넘은 일부 예외적 상황(1990년대 동유럽, 1960년대 미국 남부 등)으로만 취급되었다. 오늘날에는 더는 그렇게 취급되지 않는다. 점점 더 많은 나라에서, 우익포퓰리즘 정당과 정치인들은 주류 우파들에게 수용 가능한 정치적 결합으로 수용되었고, 때로는 좌익으로도 수용된다. 게다가, 주류 사회에서는 우익포퓰리즘(그리고 심지어 일부 극단우익까지도) 사상이 공공연하게 논의되고 있고, 주류 정당들은 좀더 중도적인 방식으로 우익포퓰리즘 정책을 채택했다.

제4의 물결의 또 다른 특징은 성공적인 정당들의 하위 집단 안에서도 이질성이 있다는 것이다. 일반적으로 사상이 의심스러운 자들이 여전히 극우의 핵심을 구성하고 있지만, 정치적 주류 밖에서 생겨나는 급진적 극우포퓰리즘 정당들은 우후죽순 생겨나는 새로운 극우 정당으로 변화했다. 가장 영향력 있는 정당은 젊은 민주당 연합으로, 헝가리의 헝가리시민동맹Alliance of Young Democrats-Hungarian Civic Alliance(Fidesz, 이하 피데스)과 폴란드의 법과정의PiS와 같은 변혁된 보수정당들이 이에 해당된다. 서유럽의 주류 정당들은 이전부터 급진 우익정당으로 변모했지만, 오스트리아자유당과 스위스인민당은 이러한 변화를 반대하며 정치색을 유지했고, 피데스와 법과정의는 정부에 있는 동안 변화를 겪었다. 더욱 충격적인 변화는 의회 내 극단우익 정당의 출현으로, 그리스의 신나치주의 정당인 황금새벽당XA과 2016년 슬로바키아에서 창당한 마리안 코틀레바Marian Kotleba의 이름을 따서 만들어진 국민정당-우리의슬로바키아L'SNS와 같은 극단우익 정당이 제4의 물결에서 등장했다.

극우에 대한 분석을 우익포퓰리즘에 제한한다고 하더라도, 21세기에 들어오면서 극우는 근본적인 변화를 겪게 되었다. 첫째, 대부분의 극우 정당의 지지도가 크게 높아졌다. 극우 정당들은 21세기 첫 10년 동안 평균 4.7퍼센트의 득표율을 기록했고, 2010~2018년에는 18퍼센트의 득표율을 기록했다(32쪽 표 참조). 둘째, 이전에 독일이나 스웨덴처럼 극우에 저항했던 나라들, 또는 헝가리나 네덜란드처럼 상대적으로 극우가 소외된 나라들에서도 우익포퓰리즘 정당들이 득세했다. 셋째, 많은 우익포퓰리즘 정당들이 자국 내 최대 정당 중 하나로 꼽혔다. 실제로 덴마크인민당Danish People's Party(DF), 피데스, 국민전선, 법과정의, 스위스인민당과 같은 정당을 포함하여 실시한 전국적인 선거와 여론조사에서 해당 정당들이 자국에서 가장 큰 정당으로 집권하거나, 집권했던 적이 있다.

급진우익정당들은 정부를 형성하는 데 더 많이 관여했다. 무엇보다도, 점점 더 많은 정당이 다양한 방법으로 정부에 진출했다. 피데스나 법과정의와 같은 몇몇 정당은 그들 스스로 정부를 구성하기도 했는데, 이것은 크로아티아연합민주당⁴만이 제3의 물결에서 가능했던 일이었다. 몇몇 다른 정당들은 오스트리아자유당, 불가리아의 아타카Ataka, 그리스의 대중정교회연대당Popular Orthodox Rally, 이탈리아의 북부동맹과 같은 비극우 정당 및 연합 정부들과 공식 파트너가 되었다. 마지막으로, 덴마크의 인민당(DF, 2001년 11월 및 2016년 19일)과 네덜란드의 자유당Party for Freedom(PVV)에서와 같은 사례처럼 비극우정당 중 소수의 정당이 더 엄격한 이민 정책을 시행하는 극우정당들이 장악한 작은 정부를 지지했다.

그리고 극우들은 이미 제3의 물결을 거치는 동안 의제에 대한 결정권을 가지고 있었고, 이것은 종종 이민자들에 대한 더 강경한 담론으로 이어졌으며, 그러한 담론은 제4의 물결 동안 상당히 증가했다(제7장 참조). 21세기 초의 세 가지 '위기'를 계기로, 급진우익 정치와 우익포퓰리즘 정당은 분리되어 극우가 아닌 정당에서도 그들의 쟁점을 다루기 시작했다.

지금의 많은 우익정당에서는 이민 배척주의, 권위주의, 포퓰리즘적 담론을 넘어 유럽회의주의Euroscepticism, 이슬람 혐오증, 그리고 '선행주의do-goodism'와 '정치적 올바름political correctness'에 대한 반

---

4 크로아티아민주연합은 1999년 막강한 힘을 휘두렀던 당 대표 프라뇨 투지만Franjo Tudjman 대통령의 서거 이후, 극우의 색깔을 지웠다. 그러나 근래에 들어와서는 헝가리의 오르반 빅토르Viktor Orban가 주도하는 반자유주의 노선의 정책에서 영감을 얻어 활동하는 발칸반도의 우익 정당 중 하나로 자리매김했다.

대까지 다룬다. 오스트리아의 제바스티안 쿠르츠Sebastian Kurz 총리
와 영국의 테리사 메이Theresa May 총리와 같은 주류 정치인들 역시
더는 우익포퓰리즘 정책에 대해 입에 발린 말만 하지 않고, 이민·통
합·테러리즘 자체에 좀더 엄격한 정책을 도입하면서 주류 역시 변
화했음을 보여주었다.

극우와의 관련성은 더는 유럽에만 국한되지 않는다. 민주적으
로 선출된 극우 지도자들은 현재 세계 5대 국가 중 3개국을 통치한
다. 브라질의 자이르 보우소나루Jair Bolsonaro 대통령과 미국의 도널
드 트럼프 대통령은 극우 정당이 아닌 비극우 정당 소속이다. 인도
의 나렌드라 모디Narendra Modi 총리는 인도인민당의 지도자로, 조직
화가 잘 확립된 힌두교 운동의 대표 지도자다. 인도인민당은 민족봉
사단RSS과 같은 폭력적·극단주의적인 단체들을 포함하고 있는데,
모디는 여덟 살 때부터 이 단체의 회원으로 활동했다. 그리고 이스
라엘에서는, 오랜 기간 총리직을 역임했던 베냐민 네타냐후Benjamin
Netanyahu가 그의 여러 극우 연합 파트너들과 함께, 우익적 성향의 리
쿠드 정당Likud party을 점점 더 극우 쪽으로 끌어들였다.

우리는 극우에 대해 다음과 같은 질문을 던진다. 미국의 조세 저항
운동인 티 파티 운동[2009년 2월에 있었던 미국의 보수주의 정치운동으로, 증
세와 정부의 규제에 반대하는 운동이었다-옮긴이 주]은 우익포퓰리즘 운동이
었을까, 아니면 포퓰리즘적 급진우익 단체와 개인을 앞세운 주류 우
익운동이었을까? 미국 공화당은 여전히 극우 지도자를 둔 주류 우
익정당일까, 아니면 트럼프 대통령이 당에서 그의 이미지를 성공적

으로 탈바꿈한 것에 불과할까? 영국의 보수당Conservative Party은 어디에서 멈췄으며, 우익정당인 영국독립당United Kingdom Independence Party(UKIP)이나 브렉시트당Brexit Party은 어디서부터 시작했을까? 지난 몇년간 '보수'의 원조로서 공식적으로 더 온건한 강령으로 선거운동을 벌여온 헝가리의 극우 정당 피데스와 더나은헝가리를위한운동Jobbik 사이에는 아직도 근본적인 차이가 있을까?

제4의 물결을 특징짓는 이념·정치·조직적 측면에서, 극우의 주류화는 급진우익과 주류 우익의 구분을 점점 더 어렵게 만들었고, 어떤 경우에는 체코와 덴마크의 경우처럼, 좌익과의 구분도 어렵게 만들었다.

THE
FAR RIGHT
TODAY

2장

우리가 극우를
생각하는 방식:
이념

극우를 생각할 때 우리는 반유대주의나 인종차별주의 같은 이념적 특징은 물론이고, 이민이나 안보 같은 정치적 쟁점까지 고려한다. 극우 운동은 그 범위가 다양하지만, 극단우익과 급진우익이라는 극우의 두 하위 개념에서는 극우 단체나 정당 간에 이념적 특징과 정치적 쟁점이 공유되는 경우가 많다.

이 장에서는 극우의 주요 이념, 즉 파시즘과 나치즘, 우익포퓰리즘의 특징을 살펴보고자 한다. 먼저 이민 배척주의와 권위주의, 포퓰리즘에 대해 논할 것이다.[5] 그다음 이민과 안보, 부패, 외교정책과 같은

---

5 용어에 대한 더 자세한 설명은 다음을 참고하라. C. Mudde, *Populist Radical Right Parties in Europe*, Cambridge University Press, 2007.

극우의 주요 정치적 쟁점에서 이러한 이념적 특징들이 어떻게 다뤄지는지를 논의할 것이며, 성별에 대한 극우의 견해는 제9장에서 논할 것이다.

▍차별과 배척

극우의 이념에서 불평등이란 자연스럽고 국가의 권한에서 벗어난 개념이다. 극우는 차이와 위계질서를 찬양하며, 이러한 극우의 핵심적인 특징은 엘리트주의다. 엘리트주의는 일부 집단이나 개인이 다른 집단이나 개인보다 우월하기 때문에 더 많은 권력을 가져야 한다는 개념으로, 이에 대한 수많은 극단우익단체와 그들의 주장이 난립했다.

그들은 엘리트주의의 핵심에 대해 동일하게 생각하기보다는 서로 다르게 생각하는 경우가 대부분이다. 예를 들어, 전제군주주의자absolutist monarchists와 인종차별주의자들은 권력의 기본이 '피'라는 것에는 동의한다. 그러나 전자는 권력의 기본을 왕족의 혈통으로, 후자는 인종적인 차이에서 온다고 본다. 또한, 일부 신정神政주의자theocrats들은 무소불위의 권력이 《성경》이나 《탈무드》와 같은 '성서'에서 나온다고 생각하는 반면, 파시스트들은 그것이 지도자라는 비범한 인물에서 나온다고 생각한다.

이 책에서는 극우의 정체성을 주로 민족 또는 인종에 두는 극우 단체에만 초점을 맞췄다. 이들은 주로 군주주의자거나 종교적인 색채가 강하다. 따라서 민족이나 인종적 구별을 부차적으로 여기거나 또는 무관하게 여기는 극우 단체는 이 책에서 논의하지 않는다.

극우에서 가장 중요한 이념은 파시즘으로, 이는 좌익과 우익에서 반민주주의anti-democratic의 전통을 바탕으로 하는 혼합주의적syncretic 이념이다. 흔히 파시즘의 수도라고 일컬어지는 이탈리아 파시즘은 역사적으로 국가의 화신으로 추앙받는 지도자가 무소불위의 권력을 휘둘렀다. 파시스트들에게 국가란 단순히 법적인 기관이 아니라, 완전한 충성심과 복종심을 요구하는 윤리적·유기적·영적인 실체다. 본질적으로 파시즘은 완벽하게 통제된 사회를 추구한다는 점에서 전체주의적totalitarian이다. 파시즘에 따르면, 삶의 모든 측면은 당과 국가에 의해 통제되어야 하며, 개인의 독립적인 공간은 주어지지 않아야 한다.

파시즘의 이러한 특징을 통해 우리는 파시즘이 곧 반민주주의임을 알 수 있다. 파시즘의 대표적 지도자인 히틀러는 "공산주의와 달리 민주주의는 반칙이자 더러운 수단"이라고 주장했고, 무솔리니는 민주주의를 "유권자 영합주의electoralism"라며 거부했다.

대신, 파시즘은 자유주의와 사회주의를 넘어 '제3의 길'을 택했다. 파시즘에서 사회는 농업 공동체나 군대처럼 기업집단으로 조직되어야 한다. 이들 집단은 국가의 이익을 위해 유기적인 방식으로 협력해야 하고, 이것은 조합주의corporatism라는 경제적 교리에 반영되어 있다. 국가적 차원에서는 '재생산'을 실현하는 한편, 계급과 유산의 낡은 위계에 얽매이지 않은 신체적으로 적합하고 이념적으로 순수한 '새로운 사람'을 추구한다. 이념으로서 파시즘은 평화에 대해 말보다는 행동을 더 믿을 수 있다고 본다. 이들은 폭력이 곧 힘이며, 전쟁은 자연스러운 삶의 모습일 뿐 아니라 국민과 국가를 정화하고 혁신한다고 믿는다.

국가사회주의National Socialism 또는 나치즘으로 더 잘 알려진 독일의 파시즘은 이탈리아 파시즘과 그 핵심적인 특징을 많이 공유하지만, 좀더 근본적으로는 반사회적·인종차별적이다. 파시스트들은 극우의 주체를 법적 범주인 국가로 보았지만, 나치는 생물학적 범주인 인종으로 보았다. 나치는 여러 인종이 존재하지만, 그중 아리안Aryan 인종이 다른 인종들보다 우월하다고 믿었다. 따라서 우월한 인종이 열등한 인종을 지배하고, 심지어 말살하는 것은 당연한 권리라고 여겼다. 이러한 나치의 세계관에서 유대인은 도덕적으로나 육체적으로는 열등하지만, 경제적·정치적으로는 위협적인 인종이다. 나치는 '유대인'이 사악한 음모를 꾸며 아리안 인종에게 도덕적 질병을 옮긴다고 보았으며, 1940년 영화 〈영원한 유대인Der Ewige Jude〉과 같은 선전물에서 그들을 쥐(즉, 사회의 해충)로 묘사하기도 했다.

나치의 인종차별은 역사적 맥락에서 해석하는 것이 중요하다. 20세기 초, 반유대주의와 인종차별주의는 독일과 유럽 전역에서 사회 전반적으로, 심지어는 일부 과학계에서도 널리 받아들여진 사상이었다. 제2차 세계대전의 참상 이후 인종차별주의는 대부분 용납되지 않았고, 일부 국가에서는 심지어 '인race'이라는 단어와 함께 그와 전혀 상관없는 '경마대회races'까지 금지당했다. 대신, 인종은 비생물학적 용어로 정의되었다.

인종을 대체해 가장 널리 쓰인 용어는 '민족 집단ethnic groups' 또는 '민족'으로, 둘 다 문화적 범주에 속하는 개념이다. 주로 신우익 nouvelle droite(제3장 참조)으로 알려진 프랑스의 급진우익 운동가들은 새로운 이념을 개발하기도 했는데, 바로 민족다원주의ethnopluralism 이다. 이 이념에 반대하는 사람들은 이것을 단지 "새로운 이름의 인종차별주의"라고 보았다. 민족다원주의는 인간은 평등하지만 분리되어야 하는 민족 집단으로 나누어진다고 주장했다. 내재적이든 명시적이든 간에, 인종차별주의는 오늘날 유럽에서 급진우익 이념의 핵심적인 특징으로 자리매김했다.

인종차별주의는 사라지지 않았다. 그것은 여전히 극우(예컨대, 신나치주의자와 백인 우월주의자들)의 대표적인 특징이며, 심지어 급진우익 정치인들조차 인종적 또는 인종차별적 담론에 빠져든다. 예를 들어, 에스토니아인민보수당Conservative People's Party of Estonia(EKRE) 지도자의 아들인 마르틴 헬메Martin Helme(현 에스토니아 재무장관)는 탈린 TV 토크쇼에 출연하여 최근 스웨덴에서 일어난 폭동과 민족 갈등에 대해 이렇게 말했다.

우리의 이민정책은 한 가지 간단한 규칙이 있습니다. 만약 당신이 흑인이라면 (당신 나라로) 돌아가라고 거부하는 것입니다.

또한 그는 에스토니아가 백인종만의 국가가 됐으면 좋겠다고 말하기도 했다. 마찬가지로 2015년 '난민 위기'를 주제로 열린 토론에서 네덜란드의 민주주의포럼FvD의 지도자 티에리 바우뎃Thierry

Baudet은 이렇게 말했다.

> 저는 유럽이 아프리카화되는 것을 원치 않습니다. 저는 유럽이 지금처럼
> 백인이 지배적인 인종으로 살기를 바라고, 문화적으로도 그렇게 유지되
> 기를 진심으로 바랍니다.

인종차별주의나 민족다원주의로 알려지든 간에, 극우의 핵심적인 이념의 특징 중 하나이자 현대 우익포퓰리즘의 지배적인 특징은 바로 이민 배척주의다. 이것은 민족주의와 외국인 혐오증xenophobia의 결합이다. 이민 배척주의는 국가에 원주민 집단(국가)의 구성원만이 살아야 하며, 비민족적(또는 '외국인') 요소가 사람이든 사상이든 간에 상관없이 동질적인 민족 국가를 근본적으로 위협하고 있다고 생각하는 이념이다. 이것의 핵심 사상은 1990년대 초 폭력적인 반난민 집회로 악명이 높아진 "독일인을 위한 독일, 외국인은 나가라"라는 슬로건에 가장 잘 나타난다.

우익포퓰리즘의 궁극적인 목표는 민족주의, 즉 시민권을 민족성에 바탕을 둔 민주주의다. 민족주의는 이민자들에게 국경을 폐쇄하고 '외국인'에게는 자국으로의 동화 또는 본국으로의 송환이라는 양자택일을 강요함으로써, 단일 문화를 가진 국가를 형성한다. 민족주의는 동화되길 꺼리는 사람들, 즉 '이주민'들은 그들(또는 그들의 조상)이 태어난 나라로 추방되어야 한다고 본다. 그러나 우익포퓰리즘 단체마다 이 동화의 범위에 대해서는 의견이 다르다. 어떤 사람들은 오

직 '관련된' 인종 집단만이 동화될 수 있다고 믿는다. 이들은 타국 출신의 백인·유럽인들만이 독일인이나 헝가리인으로 동화될 수 있다고 생각하며, 이슬람이 그들의 나라와 양립할 수 없다고 주장하는데, 이는 그들이 생각했을 때 이슬람교도들은 '서구' 사회에 동화될 수 없다는 것을 의미한다.

이민 배척주의에서 반유대주의와 이슬람 혐오증은 특히 중요하다. 유대인에 대한 적개심이나 편견이 담긴 반유대주의는 20세기 초 극우의 핵심적인 이념이었으며, 오늘날에도 많은 극우 단체에서 쟁점으로 다룬다. 한편, 서유럽에서는 많은 우익포퓰리즘 단체와 정당들이 반유대주의를 거부하고, 이스라엘을 이상적인 민족정치가 이루어지는 국가로 여기거나, 더 나아가 유대인을 이슬람과의 투쟁에서 자연스러운 동맹으로 여기고 친유대주의로 돌아서기도 한다. 한편, 이슬람이나 무슬림에 대한 비이성적인 공포, 이슬람 공포증은 제4의 물결에서 극우의 편견을 보여준다. 이슬람은 이슬람교와 무슬림에 대한 극단주의적인 정치적 해석과 동일시되고, 이슬람교도들은 민주주의 국가와 모든 비무슬림들에게 적으로 낙인찍혔다. 이슬람 혐오자들은 종종 자신들을 "불신자" 또는 "신앙심이 없는 자"라고 자랑스럽게 선언하며 이슬람에 대한 적대감을 드러냈다.

권위주의라는 용어는 비민주적인 지도자나 정치제도를 묘사할 때 자주 쓰이지만, 사회심리학의 오랜 전통에 따라 이 책에서는 그것을 다른 방식으로 정의했다. 이 책에서 권위주의란 질서정연한 사회에 대한 신념으로, 권위를 침해하는 행위는 엄벌에 처해야 한다고 규정하는 이념이다. 권위주의자들은 약물 중독이나 성적인 일탈을 포함한 거의 모든 '문제'는 강력한 처벌로 대응해야 하고, 학교에서 '도덕적' 또는 '전통적' 교육이라는 법과 제도를 재도입함으로써 예방할 수 있다고 본다.

마지막으로, 포퓰리즘은 21세기의 유행어지만, 그것의 중요성은 부분적으로는 포퓰리즘이라는 개념의 혼란에서 나온 결과물이다. 이 책에서는 포퓰리즘을 궁극적으로는 사회를 동질적이고 적대적인 두 집단, 즉 순수한 대중 집단과 부패한 엘리트 집단으로 분리하는 이념이라고 정의했다. 그들의 입장에서 정치는 국민의 일반의지 표출이다. 포퓰리스트들은 주류 정당들이 힘을 합쳐 포퓰리스트들의 목소리(즉, 국민의 소리)를 묵살한다고 주장한다. 일례로, 인도 총리이자 인도인민당의 지도자인 나렌드라 모디는 2018년 4월 연설에서 인도국민회의는 엘리트를 위한 정당이고, 인도인민당은 국민을 위한 정당이라고 선언했다.

요약하자면, 극우는 크게 두 하위개념으로 나눌 수 있으며, 극단우익과 급진우익은 민주주의에 대해 근본적으로 입장이 다르다. 극단우익은 민주주의의 본질인 정치적 평등과 다수결에 의한 정부라는 개념을 거부하는 반면, 우익포퓰리즘은 적어도 이론상으로는 민주주의를 지지하지만, 소수의 인권과 법치, 삼권분립이라는 자유민주주의의 핵심 제도와 가치에 근본적으로 도전한다는 차이점이 있다. 따라서, 두 하위개념 사이의 차이는 단순히 양적인 것이 아니라, 극단우익이 더 급진적이며 극단적인 형태의 급진우익이라는 점에서

질적인 차이다.

　서로 다른 극우 단체와 정당들은 이를 예리하게 인식하고 있으며, 그렇기 때문에 잠재적인 지지자들을 끌어들이기 위해 내부적 차이를 증폭시키는 경우가 많다. 일반적으로 극단우익 단체들은 급진우익 정당을 정치적으로 부패하고 약하다고 공격하는데, 그들이 '부르주아'로 변모하여 극우의 이상보다는 정치 기득권층과의 타협이나 개인적인 전리품을 획득하는 것을 더 중시한다고 비난한다. 반대로, 급진우익 정당들은 극단우익 단체들이 정치적으로 효율성이 떨어지고 또는 위험할 정도로 폭력적인 미치광이들이라고 비난한다. 이처럼 많은 극우 단체들이 정치 조직에서의 '진짜' 적들보다, 극우의 '경쟁자'를 비난하는 데 더 많은 시간을 할애하고 있다.

　두 집단 모두 투쟁의 양면으로서 서로를 내세우기보다는 상대방이 자신의 정의로운 투쟁을 훼손한다고 비난한다. 급진우익은 상대방이 이념적 극단성과 폭력적인 행위를 통해 더 광범위한 투쟁의 신빙성을 떨어뜨린다고 비난하고, 극단우익은 급진우익이 기존의 체제 내에서만 활동하기 때문에 그들이 멸시하는 정치 조직에 의한 지원을 받고 있어 투쟁의 본질을 훼손한다고 비난한다.

　많은 우익포퓰리즘 정치인들은 대체로 중립적인 민족주의라는 관점에서 그들의 이민 배척주의를 포장한다. 그러나 그들은 거의 항상 '본국'의 문화가 '외국인' 문화보다 우월하다고 주장하거나 이러한 생각을 암시적으로 드러낸다. 극우는 거의 독점적으로 '외국인'을 경멸적인 용어로 묘사한다. 예를 들어, 인도인민당의 아미트 샤

Amit Shah는 인도의 방글라데시 이민자들을 "침입자"와 "(인도를 갉아먹는) 흰개미"라고 비난했고, 유대인의집Jewish Home 소속의 당시 이스라엘 교육부 장관은 망명 신청자들을 "불법 침입자"라고 지칭했으며, 브라질의 자이르 보우소나루 대통령은 베네수엘라 이민자들을 "지구의 쓰레기"라고 불렀다.

▌안보

극우 단체들은 '안보security' 문제에 집착하지만, 그들이 말하는 안보는 개인의 물리적 안보보다 훨씬 폭넓게 해석된다. 안보란 개인과 집단, 더 넓게는 국가나 민족을 말하며, 문화적·경제적·물리적 요소를 지닌다. 극우에서 거의 모든 정치적 쟁점은 '자연스러운 질서에 대한 위협'으로 인식되어 사람들에게 불안감을 조성하는데, 그들은 이러한 일련의 문제를 철권통치로 해결해야 한다고 주장한다. 따라서 마약이든 이민이든 실업이든 간에 어떤 문제에 관한 해결책은 채찍(엄벌)을 장려하고 당근(회유)을 비판하는 권위주의적인 정책으로 이어진다. '외국인'이 원주민들의 불안의 원천으로 여겨진다는 점에서, 안보는 거의 항상 이민 배척주의적인 요소를 지닌다.

그들의 선전에서 가장 두드러진 주제 중 하나인 범죄 우려는, 거의 독점적으로 '비非 원주민'에 의한 범죄에만 초점이 맞춰진다. 즉 범죄는 '외국인'에 의해 발생하는 문제로 여긴다. 트럼프 대통령이 국토안보부에 창설한 이민자범죄예방국Victims of Immigration Crime Engagement Office은 범죄에 대한 이민 배척주의의 고착화된 시각을 보여주는 대표적인 사례다. 대부분의 서방 국가에서 9·11테러 이후 공표된 극우의 선전에서 '외국인'을 범죄자라고 언급하며, '소수의 원주민'이 저지른 범죄는 '진보적'인 정치 엘리트들의 부패 스캔들만 주로 다룬다(아래 참조).

극우의 주장에 따르면, 이민과 기성 정치인들의 처벌이 미약한 정책이 범죄가 증가하는 원인이다. 극우의 선전에는 '이민자 범죄', 즉 인종적 측면에서 '흑인이 백인에게 저지르는 범죄black-on-white crime' 에 대한 선택적이고 선정적인 이야기가 가득하다. 이러한 편견은 타블로이드판 신문과 우익 언론에서 보도된 것으로, 이것은 빙산의 일각에 불과하다. 많은 서구 민주주의 국가에서 범죄 수준이 실제로 감소하고 있으며 상대적으로 범죄 수준이 낮다는 것을 보여주는 자료가 제시되지만, 극우에서는 이러한 자료를 다문화사회의 실패를 은폐하기 위해 '부패한 엘리트'와 그들의 '정치적으로 올바른' 충신들이 만들어내는 거짓말(예컨대, 도널드 트럼프가 말하는 "가짜 뉴스"와 같은)로 치부한다.

전 세계적으로 극우는 강력한 법과 질서 확보를 핵심이라고 생각한다. 이러한 생각은 종종 다른 우익 단체들, 특히 보수주의자들과 공유된다. 극우가 바라보는 범죄는 가난한 '원주민'에 의해 저질러진 경우를 제외하면 사회경제적 상황과 관련이 없는 현상이기 때문에 이들에게서 무자비한 법 집행이 시행되는 것은 당연하다. 이러한 법 집행을 위해서는 거리에 더 많은 경찰관의 투입과 더 무거운 형량 부여가 필요하다. 사형제도를 둘러싸고는 의견이 분분하겠지만,

이를 시행하게 된다면 법 집행에서 '정치적 간섭'도 덜 일어날 것이라고 생각한다. 또한, 많은 극우 단체들은 학교가 청소년들의 규율과 존중, 그리고 '전통적 가치'의 교육으로 돌아가야 할 필요성을 강조하는데, 특히 이 점에서 극우가 이성애자 가족이라는 가치를 중요하게 여김을 알 수 있다.

극우는 안보 문제를 엘리트(포퓰리즘)와 소수(이민 배척주의)를 연결해 이야기한다. 극우는 현재 청년들이 "문화 마르크스주의Cultural Marxism"와 "비뚤어진" 사상(아래 참조)으로 청년들을 타락시키려는 좌익 교사들과 학자들에 의해 '세뇌'당한 상태라고 주장한다. 그리고 범죄가 만연하고, 국민이 범죄에 대한 불안감을 느끼는 이유는 주류 정치인들의 부패와 약점 때문이라고 여긴다. 예를 들어, 2018년 인도에서 모디는 카르나타카주의 의회당을 공격할 때 반부패 옴부즈맨 조직인 로카유크타Lokayukta를 방해했다는 의혹을 제기하며 안보 문제와 정치 스캔들을 연계시켰다.

> 카르나타카에는 법도 없고, 질서도 없습니다. 카르나타카는 안전하지 않습니다. 어떻게 서민들이 안전할 수 있겠습니까?

마찬가지로 브라질에서도 보우소나루 대통령이 2018년 대선 당시 한 인터뷰에서 이렇게 선언했다.

> 만약 경찰관이 10명, 15명, 20명 정도의 용의자를 10발에서 30발의 총알

로 살해한다면, 저는 그에게 훈장을 수여할 것이고, 그를 기소하지도 않을 것입니다.

극우에 따르면, 범죄의 증가를 궁극적으로 막을 수 있는 유일한 방법은 이민을 막는 것이다. 결국, 극우의 세계관에서 범죄는 거의 독점적으로 '외국인'에 의해 일어나는 현상이다. 트럼프를 비롯한 미국의 다른 이민 배척주의자들은 멕시코와의 남쪽 국경에 벽을 세우는 것이 중요하다고 강조하는데, 이는 극우의 경험적 증거에 따르면 미국에서 일어나는 대부분의 범죄는 남아메리카 이민자들에 의해 저질러지기 때문이다. 네덜란드 자유당의 헤이르트 빌더르스Geert Wilders는 2010년부터 "안보 강화, 이민 감소"라는 슬로건을 내걸고 캠페인을 벌였다. 극우의 권위주의와 이민 배척주의가 혼합된 가장 노골적이고 인종차별적인 시각화된 자료는 한 무리의 하얀 양들이 "안보의 창조"라는 슬로건 아래 스위스 국기에서 검은 양을 걷어차는 스위스인민당의 악명 높은 선거 포스터가 유명하다.

적어도 1980년대부터 범죄와 이민의 상관관계가 극우에서 중요하게 다루어졌지만, 테러와 연관 짓는 것은 비교적 최근의 일이다. 전 세계적으로 9·11테러 이후 테러와 이슬람이라는 주제가 주류 세력과 극우 담론에서 밀접하게 연관되었다. 극우 단체들은 이슬람교도의 정치적인 폭력 이외의 다른 어떤 폭력에 대해서도 '테러'라는 용어를 거의 사용하지 않으며, 비록 완전히 옹호하지는 않더라도 '반이민' 폭력, 즉 좌익 단체와 국가를 포함한 다른 단체들에 대한 극우적 영감을 받은 폭력은 최소화로 다룬다. 극우에서 테러는 이민과 다문화주의와 밀접한 관련이 있다. 2017년 프랑스의 마린 르펜은 다문화주의를 이슬람 극단주의자들의 무기로 규정하고, 다문화주의 아래 프랑스가 "이슬람원리주의 무장 투쟁 운동가들의 대학"이 됐다고 주장하기까지 했다.

▌부패

극우의 선전은 주로 국내외의 민족이나 인종의 '다름'을 표적으로 삼지만, 부패 문제는 거의 정치 인사들과만 연결된다. 부패에는 권위주의, 이민 배척주의, 특히 포퓰리즘이 섞여 있는 경우가 많다. 극우의 관점에서 권력자들은 부패와 연관된 '엘리트'들로, 특히 주류 정치인들은 경제적으로 엘리트다. 극우는 그들이 국민의 혈세를 훔치고 있다고 비난한다. 반면에, '좌익'으로 널리 알려진 정치적인 엘리트들도 있다. 극우는 이들을 '포스트모더니즘' 사상과 '문화 마르크스주의' 사상으로 국가를 타락시켰다고 비난한다. 두 용어 중 특히 후자인 문화 마르크스주의는 반체제적으로 강하게 과장된 면이 없지 않다. 이는 영국독립당이 2018년 12월 트위터에 올린 글에 잘 드러난다.

실수하지 마십시오. EU는 포스트모더니즘 사상과 문화 마르크스주의를 확산시키기 위해서 연설을 통해 우리들의 생각을 통제하려고 합니다.

물론 많은 나라에서 경제 및 정치적인 엘리트들에 의해 일어나는 금융 비리는 현실적이고 중대한 사안이다. 예를 들어, 불가리아나 이탈리아의 우익포퓰리즘 정당들은 오랫동안 부패한 수많은 엘리트들로 인해 고통받아왔기 때문에 극우 측에서 스캔들을 허위로 만들어 낼 필요조차 없다. 하지만 이러한 나라에서도 정치인이 모두 부패한 것만은 아니다. 오히려 몇몇 우익포퓰리즘 정당(예컨대, 북부동맹과 국민연합 등)이나 극우 정치인(예컨대, 보우소나루와 트럼프 등)들은 부패와 관련이 있었다. 그러나 에스토니아나 스웨덴처럼 정치인이 부패하지 않은 것으로 널리 인정받는 국가에서도 우익포퓰리즘 정당들은 거의 동일한 주제로 비난을 퍼붓는다. 극우 단체들 역시 엘리트들이 부정선거로 자국의 정치체제를 타락시켰다고 주장한다. 예를 들어, 인도의 아미트와 미국의 트럼프 대통령은 자국 내 수백만 명의 "불법 이민자"가 선거에 투표했다는 근거 없는 주장을 밀어붙인다.

또한, 극우는 엘리트들이 특히 여성(제9장 참조)과 청년들을 타락시켰다는 혐의를 뒤집어씌운다. 전 세계의 극우 정치인들은 학자, 예술가, 언론인들이 엘리트주의자나 좌익이며, "반국가적"이라고 주장하면서 민족주의자들에게 최악의 모욕을 선사했다고 비난했다. 예를 들어, 유대인의집 소속의 정치인들은 정기적으로 뉴이스라엘 기금 New Israel Fund과 같은 진보적인 시민단체를 공격했고, 인도인민당은 포드 재단과 그린피스 등 국내·외 비정부조직NGO들을 괴롭혔다.

그들은 진보 성향의 교수들이 학계를 '점용'해 청소년들이 국가에 반기를 들게 세뇌했다고 비난했다. 극우 정치인들은 국가라는 개념을 인종으로 대체하는 편이며, 그들이 집단 학살의 한 형태로 간주하는 '인종혼합'에 대한 강박관념은 위와 비슷한 주장을 되풀이하게 만든다. '백인 집단학살' 음모 이론에서 특별한 역할은 거의 항상 '유대인'에게만 주어지는데, 극우는 유대인들이 백인종을 자신들의 권력에 굴복시키기 위해 모든 음모를 주도했다고 주장한다.

▌외교정책

극우의 관점에서 국제 관계는 제로섬 게임이다. 모든 사람은 자신의 성공을 위해 달려나가고, 한 사람이 이기면 다른 사람이 지는 것은 당연한 이치다. 이것은 국제 협력에 반대하거나 다른 국가(또는 민족)에 관심이 없다고 말하는 것이 아니라, 국제 관계는 항상 국가(또는 인종) 문제에서 부차적인 문제라는 것이다. 따라서 트럼프의 '미국 우선' 정책은 국가에 많은 변화를 가져왔다. 더욱이, 극우 단체는 강한 EU일 때부터 훨씬 약해진 EU에 이르기까지 초국가적 조직에 대해 항상 의심하는 태도를 고수했고, 적대적인 반응을 유지했다.

그러나 기존의 세계 질서를 비판했지만, 정작 극우에는 하나로 통일된 계획은 고사하고, 실제로 분명하게 정해진 계획도 없다. 극우의 주장 중 실지회복주의Irredentism, 즉 '잃어버린' 영토를 회복하자는 운동은 많은 극우 단체, 특히 중부 및 동부 유럽의 정치 프로그램에서 큰 역할을 했다. 예를 들어, 1920년 트리아농 조약Treaty of Trianon[프랑스 트리아농 궁전에서 연합국과 헝가리 사이에 체결된 조약으로 헝가리의 독립을 약속했다-옮긴이 주]으로 헝가리는 영토의 거의 3분의 2를 잃었는데, 이로 인해 헝가리의 모든 극우 단체들이 이것의 수복에 집착한다. 피데스에서부터 64개국 청년 운동에 이르기까지, 그들은 루마니아와 세르비아, 슬로바키아, 우크라이나에 있는 수백만 명의 헝가리어 사용자들을 포함한 모든 '헝가리인'을 대표하여, 잃어버린 그들의 영토를 수복하려 한다.

이와 유사하게, 이스라엘에서는 에레츠 이스라엘Eretz Yisrael[히브리어로 '이스라엘의 땅'을 의미한다. 유대인에게 '고향으로 돌아가자'라는 뜻을 담고 있다-옮긴이 주] 투쟁이 거의 모든 이스라엘 극우 단체에서 중점적으로 다뤄지며, 이밖에 인도와 일본의 극우 단체에서는 각각 파키스탄과 중국과의 국경 분쟁에 초점을 맞추고 있다. 특히 이러한 측면에서 러시아의 극우는 유라시아 제국이나 새로운 소비에트 연방이라는 환상에 사로잡혀 있다. 가장 극단적인 예는 세계 주요 극우 정당 중 최장수 극우 지도자인 블라디미르 지리놉스키Vladimir Zhirinovsky의 주장으로, 그는 "러시아 군인들이 인도양의 따뜻한 물에 부츠를 씻을 수 있을 때"를 꿈꾼다고 말했다.

두 번째로, 대부분의 극우 단체는 초국가적 조직에 집착한다. 이것은 세계적으로 일원화된 정부를 향한 도전의 첫걸음이라고 할 수 있다. 대부분의 극우 단체들이 EU를 긍정적으로 바라보지 않으며, 미국 단체들만이 이 이빨 빠진 호랑이 같은 조직을 중점적으로 다룬다. 의제 21부터 블랙 헬리콥터[1992년 미국이 당면하고 있었던 과제로, 미국 침공의 음모론이 도사리고 있는 것으로 보인다-옮긴이 주]에 이르기까지 미국을 침공하고 점령하려는 은밀한 계획이 존재한다는 음모론은 보수 운동의 깊숙한 곳까지 도달했으며, 극우 단체들은 1992년 조지 부시 전 대통령의 유명한 (의도된) 말장난 이후 '신세계 질서'의 조짐이 보인다고 생각한다.

이스라엘의 극우 단체들은 EU를 아랍 국가들의 지배 아래에 있는 반체제 단체로 간주하고 있으며, EU가 이스라엘을 파괴하려는 음모를 꾸민다고 생각한다. 2016년 호주 의회에서는 호주 원네이션 소속 상원의원 맬컴 로버츠Malcolm Roberts가 그의 첫 연설에서, 그의 조국에서 "사회주의적이고 획일적인" EU가 발을 뺄 것을 요구했다.

놀랄 것도 없이, 실제로 강력한 권력을 가진 EU는 유럽 극우 세력에게 국가 주권에 대한 위협으로 여겨진다. 1992년 마스트리흐트 조약Maastricht Treaty 이후 유럽 대중 사이에서 유럽회의주의 Euroscepticism가 확산되자, 대부분의 극우 단체와 정당들은 EU에 대한 반대를 더욱 노골적·급진적으로 주장했다. 2015년 이른바 '난민 위기' 이후, 앙겔라 메르켈Angela Merkel 독일 총리의 친 난민 정책과 EU의 난민 재분배redistribution 계획이 궁극적으로 실패하면서, 극우 세력의 거센 반발이 일어났다. 이러한 반발은 유럽의 급진우익계의 차세대 주자 중 지도자급인 산티아고 아바스칼Santiago Abascal이 2018년 트위터에 올린 글에서 분명히 나타난다.

세계주의 과두정치globalist oligarchy는 공적인 예산을 이용하는 데 국민에게 이미 실패한 모델을 따르도록 강요하고 있고, 이제는 자국의 민주주의와 국가의 주권마저 악마화하는 데 전념하고 있습니다.

제3의 물결 동안 대부분의 우익포퓰리즘 정당은 유럽 통합에서 주류 세력은 아니었다. 소수의 정당만이 공개적으로 그들의 나라가 EU를 탈퇴할 것을 요구하긴 했지만, 거의 모든 정당에서, 특히 마스트리흐트 조약 체결 이후 유럽의 통합 과정이 너무 지나쳤다고 생각했다. 그들은 새로운 계획을 보류하고 더 이상의 통합을 중단하기를 원했다. 이들에게 EU는 '민족주의' 세력이 목소리를 내지 못하게 막는 적대적인 관료주의였다.

　제4의 물결에서 선거에서의 성공과 정치적 관련성이 커짐에 따라, 우익포퓰리즘 정당들은 EU에 반대하는 목소리를 더 야심 차고 더 대담하게 높였다. 자국을 "기독교의 방어벽"으로 생각하는 폴란드의 법과정의 지도자 야로스와프 카친스키Jarosław Kaczyński와, 자국을 "유럽의 미래"라고 생각하는 헝가리 피데스의 지도자 오르반 빅토르Orban Victor와 같은 중·동유럽의 우익포퓰리즘 정당의 지도자들이 이에 해당한다.

　오늘날, 우익포퓰리즘 정당들은 EU의 탈퇴를 원하지 않는다. 마린 르펜과 헤이르트 빌더르스가 2013년에 탈퇴 지지자로 전환하여 혼란이 가중되기는 했지만, 극우 측에서 EU의 탈퇴를 원하지 않는 이유는 브렉시트 이후 영국 정부의 무능한 처리에 대한 유럽 국가들의 반발이 있었기 때문이다. 그러나 대부분의 우익포퓰리즘 정당들은 EU가 회원국에 국권을 돌려주는 좀더 느슨하고 민주적인 조직으로 '개혁'되기를 원하면서, 유럽통합회의론자로서 자세를 유지했다.

하지만, 그들은 향후 유럽의 근본적인 특성을 다르게 생각한다는 차이점이 있었다. 벨기에의 플람스연합과 같은 민족국가주의 정당들은 '유럽의 국가' 중 하나인 국가를 원하지만, 프랑스의 국민연합과 스페인의 복스Vox 같은 국가주의 정당들은 자국에서 발생할 수 있는 분리주의를 두려워하며 "조국이 속한 유럽(현상 유지)"을 선호한다. 그리고 피데스와 법과정의는 "기독교인의 유럽"을 원하지만, 대부분의 서유럽 우익포퓰리즘 정당들은 명시적으로 종교적인 용어로 유럽 대륙을 정의하는 것을 긍정적으로 생각하지 않는다.

마지막으로, 극우 정당들은 세계가 어떻게 질서를 잡아야 하는지에 대해 하나로 뭉치지 못했다. 냉전 동안, 많은 급진 우익 정당들은 마지못해서 나토 조약을 지지했고, 대부분의 극우 단체들은 파시즘 이후의 제3의 길을 선택했다. 오늘날, 트럼프 대통령 밑에 있는 사람들조차 미국이 지배하는 단일 강대국의 세계를 걱정하며, 미국의 패권에 대항하려는 이들은 러시아를 포용하는 방법을 취했다. 또한, 마린 르펜은 그녀가 꿈꾸는 프랑스의 장엄한 전망에 충실하기 위해 자신과 트럼프, 푸틴 사이에 워싱턴-파리-모스크바로 구성된 민족주의적인 축을 제안했다. 그러나 에스토니아인민보수당EKRE과 법과정의와 같은 많은 동유럽 극우 단체는 러시아 혐오가 심하며, 따라서 미국이 지배하는 세계를 더 옹호한다. 마찬가지로 인도에서는 모디가 미국의 지배를 상당히 지지하는 것처럼 보이며, 브라질에서는 보우소나루가 중국의 세력 증대를 반대하기 위해 트럼프와 협력하겠다고 천명했다.

▎종교

극우 이념은 비종교적이고 심지어 반종교적인 입장과도 결합한다. 이탈리아 파시즘은 처음에는 반종교적이었으나, 바티칸과 실질적인 합의에 도달한 후 비종교적인 입장으로 바꾸었다. 동시대 대부분 유럽의 우익포퓰리즘 단체는 문화적으로 기독교, 즉 특정 교파(예컨대, 로마 가톨릭)를 국가 문화의 일부로 간주한다는 점에서 기독교적이다. 하나의 특정한 종교가 국가의 일부라고 주장하며 여기서 한 걸음 더 나아가기도 한다. 예를 들어, 덴마크인민당은 "덴마크 복음주의 루터교회는 덴마크 국민의 교회"라고 명시하고 있고, 스웨덴민주당 Sweden Democrats(SD)의 지도자 임미 오케손Jimmie Åkesson은 스웨덴의 교회를 국가 교회로 복권해야 한다고 입장을 밝혔다.

이슬람 공포증의 비중이 높아지고 있는 것에 비추어 볼 때, 많은 우익포퓰리즘 정당들은 진정한 의미에서의 종교 정당이라기보다는 기독교를 받아들이거나 더 모호한 "유대-그리스도교 가치"를 받아들이면서 겉보기에는 더욱 기독교적으로 변모했다. 예를 들어, 교권의 개입반대를 외치며 창당된 오스트리아자유당은 최근 이슬람과 이슬람 이민의 반대자인 펠텐 교구의 주교 커트 크렌Kurt Krenn과 같은 정통 가톨릭 신자들을 확고하게 수호하는 쪽으로 바뀌었다.

미국에서는 우익포퓰리즘과 기독교의 연관성이 강하다. 팻 뷰캐넌부터 세라 페일린Sarah Palin에 이르기까지, 미국의 정치인들은 자국을 '기독교 국가'로 규정하고, 정치에서 기독교의 중요성을 강조해왔다. 극단우익의 경우, KKK단은 시간이 흐르면서 독점적인 개신

교에서 포괄적인 기독교로 바뀌긴 했으나 항상 깊은 신앙심을 유지했다(더 읽어보기 1 참조).

그러나 많은 극우 단체들은 명목상 기독교인일 뿐이거나 심지어 명시적으로 반기독교인이며, 기독교는 '유대인'의 종교일 뿐이라고 주장한다. 예를 들어, 지금은 거의 사라진 아리안 국민과 같은 단체들은 백인이 진정한 "선택받은 민족Chosen People"이고 모든 유색인종은 영혼 없는 "찌꺼기 민족mud people"으로 정의하는, 반유대주의적·인종차별적인 '기독교'의 형태를 빌린 정체성을 고수했다.

미국 이외의 지역에서는 일부 극우 단체와 정치인들이 공공연히 기독교 신자임을 내세운다. 브라질의 보우소나루는 초기에 "모든 것 위에는 브라질이 있고, 그런 우리의 위에는 하나님이 계신다"라는 슬로건을 내걸고 활동했다. 폴란드의 법과정의는 충실한 가톨릭 신자이며, 그들은 폴란드 가톨릭교회의 가장 민족주의적·전통적인 요소들과 밀접한 관련이 있다. '유럽 헌법'에서도 '하나님'에 대한 언급이 포함되었으며, 가톨릭에 대한 정통적 해석은 교육·가족·보건 정책에서 주요 원칙이다. 이탈리아의 소규모 신파시스트 신군부는 근본주의 가톨릭 신자로 '기독교 신앙의 회복'과 '가톨릭교회를 위한 신앙'을 위해 노력한다.

일반적으로 그리스와 러시아를 포함한 정교회Orthodox Christian 국가에서는 대부분 정교회가 국교이며, 민족주의 전통이 강하다는 점에서 극우와 종교의 유대관계가 더 깊다. 루마니아의 소규모 신수호자Neo-Guardist 단체들은 신비주의와 정교회가 합쳐진 난해한 조합에 충성한다. 이것은 20세기 초에 철위단Iron Guard로 더 널리 알려진, 대천사 미카엘의 군단을 자칭한 종교다. 우크라이나에서는 스보보다Svoboda, C14와 같은 몇몇 극우 단체가 2018년 러시아 정교회로부터 자치분권을 부여받은 공식적인 우크라이나 정교회와 분리를 선언한 우크라이나 정교회를 지원하고 있다.

이와는 대조적으로 유럽 극우에도 상당히 강한 이교도, 즉 명백하게 반기독교적인 세력이 있다. 프랑스의 누벨 드로이트Nouvelle Droite는 공식적으로 이교도인데, 그들은 "유대-기독교 일신교"가 세속화되었다고 주장한다. 독일 철학자 프리드리히 니체에 이어 그의 뒤를 이은 사상가 알랭 드 베노이스트Alain De Benoist는 저서《이교도에 대하여On Being a Pagan》(1981)에서 기독교는 반드시 파괴되어야 하며, 새로운 '인도-유럽' 이교도주의가 만들어져야 한다고 주장했다. 다양한 극우 단체들도 다양한 형태의 이교도를 포함하여 기독교 이전의 신앙을 내세웠다. 20세기 후반에 오딘과 토르와 같은 북유럽 신화의 신들을 숭배하는 오딘주의Odinism와, 그것의 인종적인 형태인 보탄주의Wotanism가 일부 신나치주의 집단들 사이에서 인기를 얻게 되었다. 현재 보탄주의는 사실상 사라진 '창조성' 운동뿐 아니라 일부 극우 단체에서 악마숭배Satanism와 결합한 기독교 정체성을 내세우는 집단에서도 찾아볼 수 있다.

힌두주Hindutva 이념은 아마도 이민 배척주의와 종교의 가장 완벽한 혼합일 것이다. 인도의 비나약 다모다르 사바르카Vinayak Damodar Savarkar가 주장한 고전적인 힌두주의(1923)로 거슬러 올라가면, 순수한 종교로서의 힌두교를 좀더 민족주의적인 힌두 라슈트라Hindu Rashtra, 즉 힌두교.민족주의로 대체했음을 알 수 있다. 초기 힌두교 민족주의는 사바르카가 유럽의 파시즘, 특히 나치즘의 영향을 강하게 받았기 때문에 아리아(힌두족)를 우월하게 여기는 인종차별적 요소도 강하게 가지고 있었다.

인도인민당이나 민족봉사단과 같은 현대 힌두주의 단체들은 더는 파시즘이나 생물학적 인종차별을 지지하지 않는다. 대신 그들은 확고한 외국인 혐오에 기반한 힌두 민족주의를 내세운다. 힌두교(예컨대, 불교도와 시크교도) 일부라고 할 수 있는 일부 특정 집단을 제외한다면, 힌두교 단체들은 기독교도나 이슬람교도와 같은 힌두교가 아닌 종교를 믿는 사람들을 힌두교 국가에 대한 위협이자 그들이 원하는 힌두교 국가Hindustan에 대한 장애물로 간주한다.

불교는 오랫동안 종교 광신자나 폭력적인 민족주의자들에 의해 오염되지 않은 예외적인 종교로 여겨졌다. 그러나 이 이미지는 최근 미얀마에 일어난 사건들로 인해 산산조각이 났다. 미얀마 정부와 군부는 국가 안보 측면에서 이슬람교도인 로힝야족Rohingya에게 가해진 잔혹한 탄압을 정당화했고, 969 운동과 인종 및 종교수호를 위한 기구와 같은 극우 단체는 물론, 승려 아신 위라투Ashin Wirathu와 같은 극단주의 지도자들은 불교를 '모욕'한 모든 이들을 처벌하길 원한다. 여기에는 불교를 믿지 않는 타 종교의 사람들이 포함될 것이다. 극우 불교도들은 로힝야족과 같은 소수민족을 탄압하는 폭력적인 단체에 연루되었을 뿐 아니라, 미얀마 인권단체를 "국정 문제의 배신자"로 낙인찍고 이들이 외국 단체의 지원을 받고 있다고 비난했다.

놀랄 것도 없이, 국가에 대한 그들의 민족적인 정의에 비추어볼 때, 유대인 극우와 종교의 연관성은 매우 강하다. 소수의 러시아 이민자들을 포용하는 이스라엘은우리집Israel Our Home과 같은 예외적인 정당을 제외한다면, 모든 이스라엘의 극우 단체들은 민족 국가주의와 종교적인 유대주의를 결합했다. 극우 중 유대인의가정과 함께 가장 최근에 분리된 국립종교캠프The National Religious Camp는 신우익new right의 대표로 꼽힌다. 그들은 오래전부터 하나님이 이스라엘 땅을 선택받은 민족(유대인)에게 주었다는 성경 말씀에 근거하여 "유대와 사마리아(요르단강 서안 지구)"의 합병을 위한 투쟁을 전개했다.

이스라엘 민족주의와 유대교의 가장 극단적인 융합은 파시즘과 종교적 근본주의를 결합한 카하네주의다. 고故 랍비 메이르 카헤인에 따르면, 이스라엘은 '이스라엘의 땅' 전체를 점령해야 할 뿐 아니라 이 땅에는 유대인만 거주해야 하며, 따라서 모든 비유대인은 강제추방되어야 한다고 본다.

이 책에서 정의할 수 있는 이민 배척주의적인 극우 이슬람 운동의 몇 안 되는 명확한 사례 중 하나는 터키의 민족주의자운동당 Nationalist Action Party(MHP)이다. 원래 세속주의 정당이었던 그들은 1970년대 이슬람을 포용하면서 이렇게 말했다.

우리는 텡그리산처럼 터키인이며, 히라산처럼 무슬림입니다. 두 철학은 모두 우리의 원칙입니다.

그러나 1980년대에 들어서 이상주의자 세력은 분열되었으며, 이들은 터키 민족주의와 이슬람주의를 결합한 대통합당Grand Unity Party을 창당했다. 이 외에도 말레이시아의 민족주의에서도 이슬람은 중심적인 역할을 했다. 비록 수십 년의 인종적인 정치적 문제가 있었음에도, 말레이 민족주의를 다국적 사회와 결합한 전 통일말레이국민조직Malays National Organization 당은, 이슬람교도만이 진정한 말레이인이 될 수 있다고 믿는 급진적인 말레이 민족주의자들, 즉 비무슬림(특히 중국인과 기독교인, 힌두교인)들을 공격하는 세력들과 갈등을 빚고 있다.

변하기 쉬운 '우리'와 '그들'

모든 극우 이념은 엄격하게 우리 대 그들로 상반된 입장을 취하지만, 시간이 흐르면서 우리나 그들 모두 변화를 겪었다. 극우 단체들이 '우리'를 위협적인 존재로 간주하면서, 그들은 '그들' 자신뿐 아니라 '우리' 역시도 변화시켰다. 이러한 변화는 성격이 다른 단체들뿐 아니라 심지어 비슷한 단체들 안에서도 일어난다.

이러한 정체성 변화의 좋은 예로는 1860년대 후반에 미국 남부에서 대혼란을 일으킨 KKK단이 있다. 전 남부 연합군 병사들이 만든 KKK단은 그들이 미국 주류 지배계급(앵글로 색슨계 미국 신교도, WASP)에 해당하는 남부지방 사람들을 수호해야 한다고 주장했고, 그들에 속해 있지 않은 남부의 아프리카계 미국인과 북부인(의도적으로 'carpetbagger'으로 지칭함) 모두를 공격했다.

20세기 초에 등장한 제2의 KKK단은 단순히 남부에만 국한된 현상이 아니었다. 이들은 북부인과 더는 대립하지 않고, 인디애나주와 일리노이주를 포함한 메이슨-딕슨 라인 위쪽까지 세력을 확장했다. 여전히 아프리카계 미국인(및 유대인)을 증오하는 새로운 KKK단은 이제는 유럽으로부터의 가톨릭 신자의 이민 반대에 앞장섰다.

1960년대 민권 운동에 대한 남부의 반응이라고 할 수 있는 KKK단의 세 번째이자 현재의 모습은 여전히 반사회적·인종주의적이지만, 미국 주류 지배계급만이 아닌 '기독교 백인들'을 옹호하는 쪽으로 바뀌었다. 이들은 나치의 '아리아' 종족의 개념을 더 넓은 '백인' 종족으로 대체한 신나치 집단과 점점 더 융화되면서, 슬라브족과 다른 비독일계 백인들을 그들의 동료로 받아들였다.

좀더 최근의 우리와 그들의 정체성 변화는 우익포퓰리즘의 주적이 이슬람과 무슬림으로 바뀐 제4의 물결에서 확인할 수 있다. 1980년대와 1990년대에는 주로 민족적 용어로 '이민자immigrants'를 정의했지만, 이와 유사한 '외국인aliens'이라는 용어는 오늘날 주로 윤리적으로 정의된다. 이 두 용어의 중요한 법적인 차이점은 이제까지 대부분의 '이민자'들은 외국 태생의 외국인이었으나, 오늘날 대부분의 '외국인'은 서유럽이나 미국 태생의 '시민'이라는 것이다.

9·11 테러 이후 세계는 '테러와의 전쟁'을 진행 중이지만, 독일과 네덜란드 태생의 터키인과 모로코인, 또는 영국 태생의 벵골인과 파키스탄인은 그들의 신념에 따라 정당하게 이슬람교를 믿는다. 놀랄 것도 없이, 이것은 많은 극우 단체들이 기독교나 '유대-기독교 문명'의 관점에서 '우리'가 무엇인지를 다시 정의하면서, 그들의 종교적 뿌리를 강조하거나 심지어 다시 발견하게끔 했다.

'우리'는 국가적 용어로도 변했다. 오스트리아자유당은 1950년대에 위대한 독일의 정당으로서 오스트리아인을 독일인의 일부로 규정하면서 창당했고, 오스트리아라는 국가를 건설하는 것을 "이념의 흉물 덩어리"라고 거부했다. 그러나 1980년대 오스트리아자유당은 선거에서 지원을 더 받기위해 위대한 독일이라는 기존의 이념을 버리고 '애국적인 오스트리아인'의 정당으로 그들의 이념을 재정의했다.

마찬가지로 움베르토 보시Umberto Bossi는 통일된 이탈리아 국가를 강하게 반대하며 이탈리아 북부동맹을 창당했다. 이 정당은 나중에 북부 이탈리아만의 새로운 통화·국기·여권을 만들면서 파다니아Padania라는 명칭을 사용하기도 했다. 그러나 2013년 마테오 살비니가 정권을 잡았을 때, 그는 이탈리아 정당으로서 소멸 직전의 북부동맹을 재건하여 그들이 가졌던 기존의 지역주의적 색채와 남부 이탈리아인에 대한 공격성을 이슬람교도로, 더 최근에는 난민으로 돌리는 데 성공했다. 살비니는 2018년 국회의원 선거에서 "이탈리아인 우선"이라는 슬로건을 내걸고 선거운동을 성공시키며 당명에서 '북부'까지 삭제했다.

THE FAR RIGHT TODAY

3장

극우는 어떻게
구성되는가:
조직

극우의 정치는 이념과 쟁점뿐 아니라, 조직 유형에서도 다양한 형태로 나타난다. 어떤 단체는 수백만 명의 지지자가 있고, 다른 단체는 소수의 지지자만 있다. 일부 극우 단체는 순수하게 지적으로 활동하고, 또 다른 일부의 극우 단체는 폭력적으로 활동한다. 어떤 단체는 조직적인 측면에서 영국의 보수당이나 노동당Labour Party과 같은 주류 정당과 더 유사하고, 또 어떤 단체들은 블러즈Bloods나 크립스Crips 같은 미국의 범죄조직과 더 유사하다.

극우를 조직적으로 세분화하는 방법은 여러 가지가 있지만, 아직까지 어떤 방법도 완벽하지는 않다. 이 책에서는 독일의 정치학자 미하엘 민켄버그Michael Minkenberg가 정의한 방법을 선택했다.[6] 그는 극우의 조직을 정당과 사회운동조직, 하위문화라는 조금씩 다른 용어로 구분했다. 간단히 말하자면, 정당은 선거에 출마하고, 사회운동 조직은 출마하지 않는다. 또한, 정당과 사회운동조직은 합리적으로 잘 조직된 집단이지만, 하위문화는 그렇지 않은 집단이다.

이 장에서는 현대 극우에서 각기 다른 조직 구조의 주요 특징과 조직을 대표하는 지도자를 설명한다. 이는 철저한 분류는 아니며, 독자들이 이것을 읽을 때쯤에 몇몇은 이미 바뀌었을 수도 있는데, 이는 많은 극우 단체들이 아직 유동적·일시적인 조직이기 때문이다. 그들은 자주 왔다 갔다 하고, 심지어 그들이 맡았던 역할까지 바꾸곤 한다. 이 장은 극우의 국제적 협력에 대해서 거창한 추측으로 끝나지만, 현실에서의 움직임은 훨씬 더 완만하게 이루어짐을 고려해야 한다.

┃ 정당

정당은 가장 중요하게 다뤄지는 극우 조직 형태로, 공직선거에 도전하는 정치 단체를 정당이라고 한다. 대부분 민주국가는 선거로 선출된 사람들이 거의 모든 중요한 정치적 위치를 차지하는 정당민주주의party democracies이기 때문에, 극우 정당은 제4의 물결에서 핵심이라고 할 수 있다. 정당은 서방 민주주의 선거에서 경쟁을 벌이며, 대다수 국회에서 국민의 대표로 선출된다. 동시에 극우 정당들은 여러 가지 측면에서 기존 정당과는 다른 면모를 보인다. 이전에 다루었던

---

6 M. Minkenberg, *The Radical Right in Europe: An Overview*, Bertelsmann Stiftung, 2011.

이념적 차이를 제외하고, 극우 정당들은 조직 구조 측면에서 다른데, 이것은 정당을 대표하는 당수의 나이에 따른 결과라고 말하기는 어렵다. 정당 조직 구조의 차이는 20세기 중반의 대중당mass party과 유사한 인도인민당과 말 그대로 1인당인 네덜란드의 자유당에서 찾아볼 수 있다.

한 힌두 민족주의 운동Hindu nationalist인 의용단일가Sangh Parivar를 대표하는 정당이다. 인도인민당은 인도의 우익 연합 정부를 지배하고 있으며, 현재 인도에서 가장 인구가 많거나 정치적으로 중요한 주들을 통제하고 있다. 이들은 거의 1억 명의 회원이 정당에 가입했다고 주장하는데, 이것은 이 정당이 세계에서 가장 큰 정당이며, 이들이 중국의 중국공산당보다 훨씬 더 큰 정당이 될 것을 의미한다.

인도인민당은 당과 의용단일가에서 지도력을 얻는 간부 기반의 정당cadre-based party으로, 당원에는 농민, 학생, 노동자, 여성, 청년, 그리고 흥미롭게도 소수민족들을 포함한 다수의 보조 조직auxiliary organizations이 포함된다. 또한 수백 곳의 지방, 지역, 각 주에 지부가 조직되어 있으며, 인도 밖의 비거주자 인도인들과 기타 인도인민당 지지자들이 모든 대륙에 걸쳐 40개국의 지부에 소속되어 있다.

대조적으로, 네덜란드의 자유당은 헤이르트 빌더르스가 당의 지도자일 뿐 아니라 말 그대로 정당 그 자체라는 점을 고려한다면 지도당leader-party의 가장 극단적인 예다. 빌더르스는 점점 더 강해지는 이슬람 문제와 터키의 EU 가입 문제를 놓고 반대파의 반발에 맞닥뜨린 네덜란드의 보수인민당Conservative People's Party에서 떠오르는

평의원이었다. 2005년에 그는 탈당했고, 다음 해에 네덜란드의 자유당을 설립하기 전에, 나머지 입법 기간에 빌더르스단체라는 이름으로 계속 활동했다. 현재 이 정당은 단지 두 명의 법정 회원, 즉 빌더르스와 그가 유일한 회원으로 구성된 재단으로 구성되어 있다.

다른 극우 정당들은 이 두 극단의 사이에 있으며, 적당한 수준의 회원과 조직, 그리고 비교적 적은 수의 정당 간부 당원과 독립적으로 활동하는 소규모 정당 운동가들로 구성된다. 많은 정당이 선거 결과 또는 의회 의석과 연계된 주 정부의 자금에 의존하며, 이것은 왜 극소수의 극우 정당만이 의회 밖에서 살아남을 수밖에 없는지를 설명해준다. 만약 그들이 의회에서 발판을 마련하지 못할 경우, 그들은 정당이라는 이름만 남아 선거라는 경쟁에 뛰어들지 못하는 정치 단체로 만남게 된다.

대부분 주류 정당인 좌익·우익·중도 조직과 비교했을 때, 극우 정당은 중앙집권화 되어 있고 지도자 중심적인 조직 구조를 가진다. 그러한 구조는 새로운 정당에는 드문 일이 아니지만, 기존의 극우 정당들은 진정으로 민주화하는 경우는 드물다. 극우 정당은 당 지도자를 위한 선거를 당원들 사이에서 개최하지만, 지도부가 선거 절차를 엄격하게 통제하여 많은 당원에게 '적절한' 후보들을 선발하라는 '지도'를 내리기도 한다. 이것은 종종 일부 당원의 좌절과 반란을 초래하지만, 한편으로 이념, 조직, 인력 면에서 한계를 정한 변화는 비교적 부드러운 권력의 이전을 보장하는 장점이 있다. 따라서 한두 번의 선거에서만 살아남는 플래시 정당flash party이라는 대중적 이미지와는 반대로, 몇몇 극우 정당들은 초기 선거에서의 패배와 내부 투쟁에서도 살아남았고, 이제 정치 시스템에서 그들은 성공적으로 조직을 확립했다.

▎ 사회운동 조직

정당의 범위를 넘어선 수많은 극우 단체가 있으며, 이들은 수십만 명의 회원을 보유하고 넉넉한 자금후원을 받는 잘 조직된 조직에서부터 한 방에 모든 회원이 들어갈 수 있을 정도로 아주 작은 주변부의 소집단에 이르기까지 매우 다양하다. 이러한 조직 대부분은 더 큰 사회운동의 일부이며, 그들은 어느 정도 수준의 구조와 영구성을 가진다. 모든 조직이 극우 이념을 공유하지만, 그들의 활동, 안건, 선거구는 같지 않다. 이 책에서는 주로 지적, 미디어, 정치조직에 초점을 맞추었다.

▎ 지적 조직

극우는 특별히 지적 운동은 아니다. 사실 많은 극우 단체는 모든 '지성'을 '문화적 마르크스주의자cultural Marxists'로 간주하면서 공개적으로 반지성적인 단체임을 내세운다(제2장 참조). 그러나 극우의 아이디어를 개발하고, 혁신하며, 극우 운동가들을 교육하는 데 초점을 맞춘 몇몇 조직들도 존재한다. 이 책에서는 주제별 컨퍼런스와 여름 학교 프로그램을 조직하여 정당의 간부를 교육하는 정치적으로 성공을 거둔 극우 정당의 특정 조직들이 속하며, 책과 잡지를 출판하는 등 교육에 초점을 맞춘 단체들을 다룬다.

가장 중요한 지적 극우 조직은 현재 전 세계를 아우르는 개인 및 잡지 발간의 형태로 매우 느슨하게 구조화된 운동인 신우익이다. 이 "우파의 그람시주의자Gramscians of the Right"들은 정치적 승리를 위해서는 문화적 패권을 따를 수밖에 없다고 믿고 있는데, 정치적 담화를 적극적으로 변화시킴으로써 그 목적을 달성할 수 있다고 생각한다. 그들은 당대 신우익의 성공에 고무되고 촉발되어 1968년을 반대하는 자로 스스로의 위치를 자리매김했다. 많은 면에서, 신우익은 신좌익new left의 전략과 전술들을 모방했지만, 현재로서는 큰 성공을 거두지는 못했다.

신우익의 기원은 1968년에 설립된 유럽문명을위한연구그룹 GRECE에서 비롯되었으며, 주요 인물은 알랭 드 베노이스트다. 그는 생물학과 우월성에 기초한 고전적 인종주의를 민족성과 평등을 기반으로 한 민족다원주의로 대체함으로써 고전적인 극우의 사고방식을 현대화하는 데 중요한 역할을 했다. 민족다원주의는 모든 문화가 평등하지만 다르다고 본다. 사람들은 그들 자신의 문화에서만 완전히 번성할 수 있으며, 그것이 바로 일련의 전통이라고 보았다. 결과적으로, 민족다원주의는 다문화주의를 반대하며, 역설적으로 인종차별주의로 간주된다. 좀더 최근에 있었던 유럽의 아이덴티타리언Identitarian 운동은, 프랑스 신우익nouvelle droite의 아이디어를 기존의 고루한 잡지와 제약이 심한 싱크 탱크에서 빼앗아 매스미디어에 걸맞은 거리정치street politics와 결합했다(더 읽어보기 3 참조).

미국은 광범위한 우익 싱크 탱크를 보유하고 있으며, 일부는 극우의 핵심 신념을 확산시키는 역할을 했다. 여기에는 미국이민개혁██Federation for Immigration Reform과 같은 반이민 단체와 트럼프 대통령 임기 동안 완전히 주류화된 미국이민연구센터The Center for Immigration Studies와 같은 연합 단체들이 포함된다.

마찬가지로, 프랭크 개프니Frank Gaffney의 안보정책센터Center for Security Policy와 존 볼턴John Bolton의 게이트스톤연구소Gatstone Institute와 같은 이슬람 혐오 단체를 통해 이슬람 혐오·불신을 토대로 급진우익과 신보수 이념 및 정책이 부분적으로 중복된다는 점을 찾아볼 수 있다. 이들은 트럼프 행정부의 핵심 참여자가 되었으며, 여기에는 유엔과 같은 다국적 단체에 대한 불신도 원인으로 작용했다. 이와 동시에, 재러드 테일러Jared Taylor의 미국르네상스American Renaissance, 리처드 스펜서Richard Spencer의 국가정책연구소National Policy Institute와 같은 이른바 '대안우파alt right' 조직이 트럼프 대통령 재임 동안 배제되는 일이 벌어지기도 했다.

최근에는 극우 운동가들도 교육계획을 확립하려고 노력을 기울인다. 많은 유럽 정당이 이미 '여름 대학'을 조직하고 있으며, 특히 전도유망한 회원(현재와 미래의 간부)을 교육하고 사회화하려고 노력한다. 예를 들어, 국민전선은 수십 년 동안 프랑스 전역에서 여름 대학을 조직해왔으며, 벨기에의 플람스연합과 그 청소년 우익단체인 플람스의이익청년Flemish Interest Youth은 유럽(오스트리아, 크로아티아, 프랑스, 스페인)을 돌아다니면서 비슷한 운동을 조직했다. 이러한 모임은 대부분 대학보다 여름 캠프이며, 특히 청소년을 위해 조직된 경우 각 정당 내부 및 외부에서 극우 연사의 강의와 함께 다양한 신체 활동을 제공했다.

좀 더 최근에는 마린 르펜의 조카인 마리옹 마레샬 르펜이 국민전선의 활발한 정당 정치에서 물러나 프랑스 리옹에 사회 과학·경제 및 정치학 연구소를 설립했다. 이 새로운 연구소의 목표는 "사회에 봉사하기 위해 효과적으로 행동할 수 있는 용기, 지성, 분별력 및 역량을 갖춘 미래의 지도자를 발견하고 교육하는 것"이다. 폴란드에서는 폴란드 정교회 가톨릭 사제 타데우시 리지크Tadeusz Rydzyk가 폴란드 가족 연맹LPR을 지원했으며, 2001년 토룬Torún에 현재 법과정의와 가까운 관계를 맺고 있는 사회 미디어 문화 대학을 설립하기도 했다. 이 대학의 졸업생은 법과정의가 정치적으로 힘을 발휘할 때, 민간 및 공공 폴란드 미디어에서 눈에 띄게 좋은 자리를 차지했다.

▎ 미디어 조직

극우는 항상 그들만의 미디어 조직을 보유하고 있었지만, 대부분은 더 크고, 혹은 단순히 더 잘 재정화된 정당과 운동의 일부에 불과했다. 이것은 게르하르트 프레이Gerhard Frey에 의해 출판된《독일 국가주의 신문Deutsche National-Zeitung》과 같은 신문이나, 그가 주도하여 설립한 독일인민연합German People's Union party 또는 GRECE에서 출판한 잡지《엘리먼트Éléments》와《누벨 에콜Nouvelle École》도 마찬가지였다. 그러나 이러한 출판물의 대부분은 상대적으로 독자층이 제한되어 있으며, 그들의 상위 조직에 가입한 회원이 아닌 독자층에 도달하지도 못했다.

그러나 네 번째 물결 동안, 많은 극우 언론 기관들이 소셜미디어의 출현, 우익포퓰리즘의 성공과 주류화라는 두 가지 발전 덕분에 새롭게 등장했다. 1990년대에 인터넷이 형성되는 과정에서 극우 기업가들은 그 운동의 이점을 알고 상당한 영향력을 끼칠 수 있는 기반을 미리 확립했다. 중요하게 다뤄지는 최초의 극우 언론은 전 KKK단의 지도자 돈 블랙Don Black이 운영하는 '스톰프런트stormfront'라는 웹사이트였는데, 이 웹사이트는 오랫동안 전 세계적으로 신나치와 백인 우월주의자들의 구심점 역할을 했다.

미국의 극우는 급진우익인《브레이트바트 뉴스Breitbart News》, 신나치 웹사이트 '데일리 스토머Daily Stormer', 음모 이론 웹사이트 '인포워즈Info Wars', 그리고 백인 우월주의자 웹사이트 '브이-데어V-DARE' 등의 온라인 활동을 매우 활발하게 벌이고 있다. 캐나다에서는 극우 미디어인 '레블 미디어Rebel Media'가 브레이트바트 뉴스와 비슷한 기능을 하며, 네덜란드에서는 'GeenStijl'라는 블로그가 덜 전문적인 극우 운동으로 간주할 수 있는 미디어 조직이다.

유럽 극우 미디어는 온라인 및 오프라인에도 많이 있으며, 이들은 특히 극우가 가장 좋아하는 범죄, 부패, 유럽 통합, 이민과 같은 문제에 대해 '실제' 또는 '무삭제된' 뉴스를 제공한다고 주장한다. 유명한 미디어 중에는 체코의 '국회 목록Czech Parlementní Listy', 독일의《청년 자유Junge Freiheit》, 폴란드의《폴란드 신문Polish Gazeta Polska》, 스페인의 '격리 사건Spanish Caso Aislado' 등이 있다. 유럽 및 북미 밖에는 이스라엘의 '이스라엘 국가 뉴스Arutz Sheva', 인도의《오픈 매거진*OPEN Magazine*》, 브라질의 온라인 웹 포털 'R7' 등이 주요 극우 언론이다.

그리고 '브뤼셀 저널The Brussels Journal', '비엔나 게이트Gates of Vienna', '유럽의 목소리Voice of Europe'와 같은 이슬람 혐오적인 성격의 미디어 웹사이트 중 상당수는 그들이 단지 '보수적'인 매체일 뿐이라고 주장한다. 이것은 부분적으로 이민과 이슬람교와 같은 문제에 보수적·포퓰리즘적인 급진우익 하위문화들 사이에서 개인과 이념의 융합이 일어났다고 볼 수 있다. 이러한 융합은 몇몇 기성 보수 언론을 우익포퓰리즘의 목소리를 반영하는 매체로 바꿨었다. 헝가리에서는 거의 모든 공공 및 민간 매체가 급진우익 정부의 통제 아래 있으며, 지금은 총리 오르반 빅토르의 선전 도구로서 전락했다(더 읽어보기 4 참조).

▎정치 조직

대부분의 극우 단체들은 정치 단체이거나, 혹은 자국의 정치에 영향을 끼치려는 열망을 가진 단체다. 실제로 일부 조직은 공식적인 회원, 이념 프로그램, 그리고 꽤 정교한 조직 구조를 구축했다는 점에서 정당과 상당히 비슷하다. 그들이 정당과 다른 점은, 그들은 선거에서 경쟁하지 않거나 그렇게 하는 것을 중단했다는 것이다. 그러나 일부 정치(및 사회) 조직들은 주로 비선거 활동을 중심으로 조직되지만, 일부 지역에서는 때때로 선거에 출마하는 경우도 있기 때문에,

이들 사이의 국경은 개방적이다(제5장 참조).

극우 정치 조직에는 최소한 수십 명의 극우 운동가들이 있으며, 그들은 지역에서 국한되거나 온라인상에서의 영향력으로는 한계가 있음을 깨닫게 된다. 그들은 대부분 사회적 기능을 수행하며, 정치적 동지들을 위한 안전한 회의 공간을 제공하고, 공공 활동에는 거의 관여하지 않는다. 이것은 독일의동지들Kameradschaften이나 미국의 KKK단에 찾아볼 수 있는 특징이다. 지금 영국에서 활동이 금지된 국가행동National Action과 미국의 국가사회주의운동National Socialist Movement과 같은 조금 더 규모가 큰 폭력 단체들도 그들이 저지르는 심각한 폭력에 책임이 있음에도, 꾸준히 소규모 집회를 조직하고 있다.

그러나 때로는 크고 강력한 극우 정당이 없는 국가에서조차 극우는 정당 정치에 영향을 미친다. 이것의 좋은 예는 1997년에 설립된 일본회의Nippon Kaigi이다. 일본회의는 약 3만 8천 명의 회원이 가입했으며, 약 230개의 지역 지부가 조직되어 있다. 일본회의는 1946년부터 1948년까지 도쿄에서 열린 전쟁 범죄 재판소가 '위법'이라는 그릇된 신념을 기반으로, '전후의 일본 국민의 의식'을 변화시켜 일본을 군사 강국으로 재창조하고 일왕의 명예를 회복하기 위해 헌법 개정과 역사적 개정에 전념하는 정치 조직이다. 일본회의는 정당은 아니지만, 일본의 집권 정당인 자민당 내 주요 정치 조직이다. 아베 신조 일본 총리를 포함하여 제3차 아베 내각의 18명(2014~2018) 중 15명은 일본회의 회원이었고, 일본 의회 의원의 480명 중 289명은 일본회의 소속이다.

　최근 몇 년 동안, 우리는 거리 정치에서 상당히 성공한 국가적이고 심지어 초국가적인 조직들을 발견할 수 있다. 영국수호리그는 영국에서 다양한 이슬람 혐오 집회를 조직했는데, 이들은 때때로 수천 명의 시위자를 끌어들이기도 했다. 극우와 자국의 축구 훌리건hooligan 문화를 혼합한 영국수호리그는 빠르게 미디어의 중심이 되어 유럽, 북미, 호주 등에 파생되었다. 그러나 최근 몇 년 동안 극우는 감소하는 시위자 수와 내부 권력 투쟁으로 고통을 받아왔다. 이와 마찬가지로, 페기다는 이 정당이 출범한 도시라고 할 수 있는 독일의 드레스덴에서 상당한 군중을 끌어들였음에도 논란의 대상이 되었다. 이와 유사한 일본의 단체는 일명 재특회Zaitokukai로 더 잘 알려진 일본의 재일 한국인(자이니치)의 특권에 반대하는 시민 협회다. 이 단체는 2007년에 설립되었고, 약 1만 5천 명의 변동적이고 느슨하게 구조화된 회원들이 있다.[7] 재특회는 대부분 인터넷에서 활동하지만, 이민과 이민자들뿐 아니라 재일 한국인에 대한 더 일반적이고 규모가 작은 시위를 빈번하게 조직하기도 했다.

▌하위문화

하위문화는 더 큰 국가 문화 안에서 정체성, 가치, 관행 및 문화적인

---

7 N. Higuchi, *Japan's Ultra-Right*, Trans Pacific Press, 2016.

대상을 공유하는 집단이다. 하위문화에서 사람들이 공통적으로 가지는 정체성은 제도적 소속보다는 그들에게 인식된 유사한 문화(아이디어와 상징 포함)를 기반으로 한다. 이것은 하위문화에는 결코 강력한 기관이 포함되어 있지 않다고 말하는 것이 아니다. 국가 차원의 극우 하위문화의 예로는 대표적으로 헝가리의 국립 록 음악Nemzeti Rock이 있으며 그 외에도 많은 축제, 그룹, 심지어 라디오 방송국도 있다. 그리고 일본의 우익단체, 특히 극우 선전을 확성기로 전파하며 소규모 시위를 할 때 사용하는 극우 선전 구호로 뒤덮인 선전차량으로 유명한 우익단체도 있다.

극우의 진정한 국제적인 하위문화는 거의 없다고 봐도 무방하다. 대부분의 경우, 극우는 개인 또는 하위문화로, 더 넓은 하위문화의 일부분에 불과하다. 극우에 대한 언론의 집착으로 인해, 대중의 상상 속에서 하위문화는 더 광범위하게 정의된다. 비록 그것이 축구 홀리건의 경우와 같이, 실제로는 거대하고 폭력적인 소수단체가 구성되었더라도 대중의 상상 속에서는 스킨헤드의 이미지로만 남아 있다.

다음으로는 관련성이 높고 잘 알려진 극우 하위문화와, 극우에서 중요한 일부 하위문화를 논해보려고 한다.

▎ 대안우파

이른바 '알트-라이트'라고 불리는 '대안우파'는 최근 몇 년 동안 미국에서 인기를 얻은 용어다. 대안우파는 가능한 한 광범위한 백인 민족주의자 그룹을 하나로 묶는 것을 목표로 삼은 고학력 백인 민족주의자 리처드 스펜서에 의해 대중화되었다. 이들은 일명 '인종 현실주의자race realists'를 모으는 것을 목표로 한다. 백인 민족주의와 백인 우월주의 같은 이념과 용어가 가진 부정적인 의미가 특히 교육받은 사람들에게 거부감을 불러일으킨다는 것을 잘 알고 있는 스펜서는, 도널드 트럼프의 부상과 함께 2016년 8월 힐러리 클린턴의 '대안우파'에 대한 논란의 여지가 있는 연설로 인해 부정적인 그림자에서 벗어난 '대안우파'라는 용어를 내세우기 시작했다.

대안우파의 본질은 미국의 인종차별 방지 단체인 남부빈곤법률센터Southern Poverty Law Center에서 가장 잘 포착했다. 해당 기관에서는 대안우파를 이렇게 정의했다.

> 대안우파는 백인의 정체성과 백인의 문명이 '정치적 올바름'과 '사회적 정의'를 이용한 다문화 세력의 공격을 받고 있다는 것을 핵심 신념으로 삼는 극우 이념과 집단, 개인들의 집합이다.[8]

모든 하위문화와 마찬가지로, 대안우파 역시 소수의 핵심 집단이나 조직만이 있을 뿐이다. 이 중 어느 정도 내구성이 있는 몇 안 되는 조직 중 하나는 스펜서의 국가정책연구소인데, 스펜서는 이 조직을

---

8 남부빈곤법률센터Southern Poverty Law Center(SPLC) 웹사이트 https://www.splcenter.org/fighting-hate/extremist-files/ideology/alt-right

"미국과 전 세계에 있는 유럽계 백인의 유산, 정체성, 미래를 전담하는 독립적인 조직"이라고 자칭했다.

　대안우파가 다른 극우 하위문화와 차별화되는 것은 거의 전적으로 온라인에서만 일어나는 현상이라는 점이다. 그들은 온라인에서 최소한의 조직 인프라를 갖춘 상태다. 대안우파의 온라인 잡지로는 《미국 르네상스》(재러드 테일러), 《카운터 커렌트*Counter Currents*》(그렉 존슨Greg Johnson), 《타키스 매거진*Taki's magazine*》(창시자 타키 테오도라코풀로스Taki Theodoracopulos의 이름을 땀) 등이 있지만, 대부분의 대안우파 활동은 체계적이지 않고 익명이며 '포챈4chan'이나 '레딧Reddit'과 같은 광범위한 인터넷 플랫폼에서 이루어진다. 이들은 페이스북이나 트위터와 같은 소셜미디어에서 여성 혐오나 인종차별적인 밈memes이나 게시물을 올려 사람들을 괴롭힌다. 대안우파는 다른 비정형적인 온라인 하위문화들, 특히 게이머 세계와 "반페미니스트적 관점에서 남성과 관련된 내용을 게시하는 온라인 웹사이트manosphere(제9장 참조)"와 상당히 겹치는데, 이들은 좀더 젊고 교육을 많이 받은 백인 남성들이 대부분이다.

　2016년 도널드 트럼프 대통령 당선으로 대담해진 대안우파는 비록 트럼프와의 관계가 복잡하긴 하지만, 오프라인에서도 그들의 존재감을 과시하려 했다. 가장 성공적인 행사는 2017년 8월 버지니아주 샬롯츠빌에서 열린 유나이트 더 라이트 랠리Unite the Right rally 집회였다. 여기에는 약 1천여 명의 집회자들이 참여했고, 주로 KKK단의 지부나 국가사회주의운동과 같은 전통적인 신나치주의 단체와 백인 우월주의 단체가 참여했다. 그러나 이들의 집회는 백인우월주의를 반대하는 맞불 시위에 참여했던 헤더 헤이어Heather Heyer를 극우 집회 참가자가 살해함으로써 파투가 났다. 이 사건 이후로, 대안우파 집회는 수십 명 이상의 시위자들을 끌어들이지 못했고, 2018년 3월 스펜서는 반파시스트의 폭력과 이로 인한 분쟁을 꺼리는 대학 관리자들과의 법적 싸움에 휘말린 끝에, 몇 달 후에 예정된 대학 연설 투어를 포기했다.

오늘날 대안우파는 대부분 익명의 온라인 현상으로만 존재한다. 국제적으로, 이들의 하위문화는 앵글로색슨계의 세계, 특히 미국에 매우 초점을 맞추고 있다. 레블 미디어의 전신인 '레드아이스Red Ice' 웹사이트에서 활동하는 헨릭 팜그렌Henrik Palmgren과 라나 록테프Lana Lokteff 스웨덴-미국인 부부, 캐나다의 로렌 서던Lauren Southern과 같은 블로거나 다른 나라의 블로거들도 주로 미국을 대상으로 한다. '이것은 웹사이트AltRight.com'를 포함하여 미국의 극우 프로젝트에 자금을 댄 스웨덴 사업가 다니엘 프리베리Daniel Friberg의 사례도 해당된다.

인구통계학적인 관점으로 보면 극우 단체, 축구 응원단, 길거리 폭력 등에는 모두 청년, 백인, 노동자 계층의 남성들이 불균형적으로 몰리는 경향이 있다. 그러므로 극우에서 축구 훌리건들의 존재는 그리 놀랄 만한 일은 아니지만, 훌리건과의 관련성은 필요 이상으로 불안을 조성하는 언론과 선정주의적인 훌리건 문학으로 인해 과대평가되어 왔다. 훌리건들이 저지른 폭력은 자발적으로 이루어졌으며 축구 팬들 중 유동적인 집단들이 포함되기는 하지만, 그들만의 코드와 복장으로 어두운 하위문화와 구조를 만들어낸 '회사firms'라고 불리는 조직적인 훌리건 그룹에서 일어나는 경우가 더 많았다. 극우적 존재감이 강한 영국의 축구 훌리건 회사로는 헤드헌터스Headhunters(첼시 FC), 인터시티Inter City Firm(웨스트햄 유나이티드), 서비스 크루Service Crew(리즈 유나이티드), 소울 크루Soul Crew(카디프 시티) 등이 꼽혔다.

극우의 훌리건주의는 1980년대에 유럽 대륙으로 이주했는데, 대륙의 훌리건들은 주로 영국의 훌리건 회사들을 모방했다. 악명 높은 극우 훌리건들이 있거나 있었던 몇몇 유럽 축구 클럽은 보루시아 도르트문트와 한자 로스토크(독일), 헬라스 베로나와 SS 라치오(이탈리아), FC 페예노르트와 FC 그로닝엔(네덜란드), 에스파뇰과 레알 마드리드(스페인)를 들 수 있다. 그러나 이러한 훌리건주의는 다이나모 자그레브(크로아티아), 페렌크바로스(헝가리), 레기아 바르샤바(폴란드), 스파르타크 모스크바(러시아), 카르파티 르비브(우크라이나) 같은 축구 클럽들이 극우를 지지하는 것으로 악명 높은 동유럽에서는 문제가 훨씬 크다. 유럽 이외의 축구 클럽에서는 몇몇 클럽들만이 극우로 알려져 있다. 가장 잘 알려진 것은 이스라엘의 축구 클럽 베이타르 예루살렘으로, 라 파밀리아La Familia로 알려진 이곳의 극우 훌리건들은 "아랍인들에게 죽음을"이라는 구호로 악명이 높다.

대부분의 서유럽 국가들은 20세기 후반 폭력적인 축구 훌리건들을 막기 위해서 경기장 출입 금지뿐 아니라 특히 훌리건 기호의 사용이나 관련 행위를 금지했다. 그러나 최근 몇 년 동안, 축구 홀리건들은 대부분 축구 경기장 밖에서 다시 극우적인 행동에 관여했다. 예를 들어, 2018년 동독의 도시에서는 켐니츠FC의 홀리건들이 반난민 시위와 폭력에 큰 역할을 했고, 같은 해 에인트호번에서 열린 신터클라스Sinterklaas 행사에서 PSV 에인트호번의 홀리건들이 반난민 시위대 공격에 가담했다. 또한 축구 홀리건들은 그들 스스로 이슬람 혐오를 담은 '반극단주의자' 단체를 설립했는데, 특히 영국의 축구청년동맹Football Lads Alliance과 독일의 살라피스트를 반대하는 홀리건 Hooligans Against Salafists은 수천 명의 참가자와 함께 시위를 조직했다.

▎ 스킨헤드

스킨헤드라는 하위문화는 1960년대 런던에서 중산층의 히피 하위문화에 대한 노동자 계급의 대안문화로 등장했다. 스킨헤드는 대부분 흑인 갱단들과 하류층 백인들을 포함한 다른 하위문화들을 기반으로 했다. 최초의 스킨헤드 하위문화는 음악적으로도 스카ska부터 펑크까지 다양했으며, 다민족적이고, 상대적으로 비정치적이었다. 스킨헤드가 눈에 띄는 이유는 삭발과 닥터마틴 부츠, 프레드 페리 폴로 셔츠, 표백한 청바지, 멜빵 등 구체적이고 비교적 엄격한 복장 규정 때문이다.

1970년대에는 스킨헤드 운동의 일부는 점점 극우와 관련되기 시작했다. 특히 전후 유럽의 선거에 대항한 최초의 반이민 정당 중 하나였던 영국의 국민전선과 점점 더 연관되었다. 국민전선의 운동가인 이안 스튜어트 도널드슨Ian Stuart Donaldson는 극우 스킨헤드 하위문화 창조에 중요한 역할을 했는데, 그가 조직한 밴드인 스크루드라이버Screwdriver의 앨범과 그들의 노래 〈백인의 힘White Power〉은 스킨헤드 운동의 비공식적인 애국가로 여겨지기도 했다. 극우 스킨헤드는 다소 다른 복장 규정을 개발해 초기 흑인 갱단의 문화에서 상당 부분 벗어났지만, 여전히 '홍인종redskins'으로도 알려진, 인종적 편견과 인종차별주의를 반대하는 스킨헤드를 포함한 다른 스킨헤드와 대체로 외양이 비슷해보인다.

대부분의 언론에서 스킨헤드 운동을 극우와 혼동하지만, 대다수의 스킨헤드는 비정치적이거나 반인종차별주의다. '나치-스킨헤드' 운동은 1980년대에 서유럽의 많은 지역에서, 그리고 1990년대에 북미에서 정점을 찍었고, 그 이후 급격히 감소했다. 그 후, 스킨헤드는 부분적으로는 인종차별주의자로 변질되어 매우 부정적인 이미지를 갖게 되었으며, 그 결과 특히 음악과 스타일 분야에서 극우 하위문화는 점점 더 세분화되어 주류에 편입되었다. 오늘날 극우 스킨헤드는 체코, 폴란드, 러시아, 세르비아를 포함한 동유럽에서 주로 두드러지게 나타난다. 하지만 몽골과 말레이시아를 포함한 비백인 국가에서도 소규모의 신나치 스킨헤드 하위문화가 존재한다.

본질적으로, 극우 스킨헤드 운동은 주로 자체적인 조직이 없고, 온라인상에 존재하며, 특정 콘서트를 중심으로 동원되는 하위문화다. 그것은 문화적·정치적 표식의 조합을 중심으로 구축되며, 이들의 목소리는 주로 온라인, 패션, 음악 콘서트를 통해 표출된다.

┃ 국제 협력

일부 반파시스트들의 경각심을 자극하는 비난과 기자들의 선정적인 보도에도, 극우 운동가들과 단체 간의 국제적인 협력은 특별히 성공한 적이 없다. 이것은 극단우익과 급진우익 모두 적용되며, 둘 다 비슷한 이유로 성공하지 못했다.

첫째, 극우는 한정된 자원을 바탕으로 한다. 둘째, 극우는 비교적 안정된 몇 개의 조직만 있을 뿐, 매우 변동성이 큰 정치 현상이다. 셋째, 많은 극우 단체는 독재적인 지도자가 지휘하고 있는데, 그들은 협력하거나 권력을 나누는 데 익숙하지 않다. 넷째, 많은 극우 운동가들이 다른 나라의 극우 형제들에 대해 진지하게 관심과 연대를 표명하지만, 그들의 민족주의(그리고 이민 배척주의)는 극복할 수 없는 견해 차이로 이어질 수 있다. 예를 들어, 크로아티아와 세르비아의 극우는 똑같은 영토를 두고 대크로아티아, 대세르비아를 꿈꾼다. 또한 많은 서유럽 극우 운동가들과 단체들은 동유럽인들을 얕잡아보며, 몇몇 동유럽 극우 단체들은 강한 반독적인 성향을 갖고 있다. 국제적인 협력은 신나치주의자와 백인 민족주의자들의 내면에 자리하고 있다. 그들에게 '국가'는 인종으로 정의되므로, 이에 따라 국제적으로도 정의할 수 있기 때문이다. 그러나 이들 단체의 대부분은 이미 국제적으로는 말할 것도 없고, 국가적으로도 조직을 유지하기 위해 고군분투하는 추세다.

결과적으로, 극단우익 내에서, 국제적인 협력은 세계사회주의연맹World Union of National Socialists과 같은 거창한 이름에도 서유럽과 북미에서 온 몇몇 특정한 개인들 사이의 개인적인 연대, 회의, 콘서트와 같은 산발적인 사건들을 넘어서는 경우는 드물다. 국제적인 협업은 프랜차이즈 모델을 기반으로 하기도 하는데, 이러한 다양한 '지부'들은 비슷한 이름을 사용하지만, 정작 지부 간의 조정 및 협업은 미미하다. 이는 특히 신나치 스킨헤드 세계에서도 그러하며, 이안 스튜어트 도널드슨이 설립한 영국 중심의 블러드앤아너B&H나 미국 중심의 해머스킨네이션Hammerskin Nation도 해당된다.

21세기 극우에서는 소수의 국제 협력만을 찾아볼 수 있다. 북유럽저항운동NMR은 북유럽 5개국에 지부를 둔 범노르딕 신나치 운동이다. 덴마크, 핀란드, 아이슬란드, 노르웨이, 스웨덴에 지부가 있으며, 스웨덴에서는 심지어 정당으로 활동한다. 개별 지부는 기껏해야 약간의 지원을 받지만, 정기적으로는 수십 명을 동원하고, 스웨덴에서는 수백 명의 청년들을 동원했으며, 거리 폭력과도 관련이 있다. 2017년 북유럽 저항운동은 스웨덴 제2의 도시인 예테보리에서 500여 명의 회원을 동원하기도 했지만, 같은 해 핀란드 지부는 지방법원에 의해 활동이 금지됐다.

최근 극단우익 정당인 범유럽정당Euro-party은 2015년 창설돼 현재 8개국에서 9개 정당을 둔 평화와 자유에 대한 동맹(APF)이다. 그 외에 국민정당-우리의슬로바키아와 그리스의 골든던은 각각 국회와 유럽의회 양쪽 모두에서 대표성을 가진 정당이다. 2018년 이탈리아 밀라노에서 열린 '평화와 자유에 대한 동맹의 컨퍼런스'는 소규모로 열렸으며, 동유럽과 서유럽의 8개 극우 단체의 연사들이 출연했다.

우익포퓰리즘은 극단우익에 비해 상황이 조금 더 나은 편이다. 대부분의 새로운 이슬람 혐오에 대한 계획은 조직보다는 이름을 공유하는 데 그친다. 이는 영국수호리그에서 영감을 받은 다양한 '방어리그'와 페기다, 그리고 반이슬람 자경단의 단기 범유럽주의 계획인 오딘의병사Soldiers of Odin에 해당된다. 수십 년 동안 프랑스의 국민전선 또는 국민연합은 유럽의 극우 정당 간에 협력의 중심에 있었지만, 약간의 성공만을 거두었을 뿐이다. EU의 국가 간 협력에 대한 상당한 재정적 보상 제도가 갖춰져 있음에도, 우익포퓰리즘 정당들은 항상 유럽 의회 내에서 분열되고 형편없이 조직되었다.

유럽우익European Right(1984~1989)은 이탈리아사회운동MSI, 국민전선, 그리스의 국가정치연합National Political Union을 포함한 유럽의회 최초의 공식 극우 단체로, 한때 얼스터연합주의자당Ulster Unionist Party도 소속되었다. 이 단체는 유럽우익기술단체Technical Group of the European Right(1989-1994)로 계승되었는데, 국민전선은 이탈리아사회운동을 독일의 공화당(REP)으로 대체했고, 벨기에 플람스연합은 재선에 실패한 그리스인(XA)을 대신했다. 독일 공화당이 수년간의 내부 분열 끝에 1994년 유럽 대표성을 잃었을 때, 나머지 극우 유럽의회 의원(MEPs)들은 후속 임기 동안 대부분 무소속으로 활동했다. 그러나 일부는 독립/민주주의(LPR)와 EU(예컨대, 덴마크인민당과 이탈리아 북부동맹)와 같은 광범위한 우익단체에 받아들여졌다.

장 마리 르펜은 공식적인 정치 집단과 미래의 물질적 이익을 보장하기 위해 1997년에 유로나트Euronat를 설립했는데, 이 단체는 느슨하게 결합되어 미미한 효과만 얻었던 단체로, 20개 가까운 극우 정당들이 회원으로 있었다. 이들의 첫 번째 새로운 시도는 느슨한 정당 정체성·전통·주권으로 인해 2007년 1월부터 11월까지로 짧게 끝났다. 유로나트는 2010년 유럽자유연합EAF으로 계승되었는데, 그 핵심에는 프랑스 국민전선, 오스트리아자유당, 이탈리아 북부동맹, 네덜란드의 자유당, 벨기에 플람스연합이 있었다. 그러나 2009년처럼 2014년 유럽 선거에서 극우 정당들이 승리했음에도 마린 르펜은 2015년까지 새로운 공식 정치 단체인 국가와자유의유럽ENF을 구성하느라 애를 썼다. 이 단체는 2016년에 공식적으로 해산된 유럽 자유연합을 대체했는데, 주로 다양한 극우 정당에서 일부 반체제 인사를 유럽 의회 의원으로 추가함으로써 그 자리를 대신했다. ENF는 2019년 유럽 선거 이후, 마린 르펜보다 이탈리아의 마테오 살비니에 더 잘 맞춰진 새로운 단체로 대체될 예정에 따라 일부 새로운 회원 정당(예컨대, 독일을위한대안, 덴마크인민당)을 유치하기도 했으며, 일부 정당들은 피데스처럼 확립된 우익 성향의 유럽 회의주의자 쪽을 영입하는 것에 관심을 보였다. 여기에는 유럽 보수주의자와 개혁주의자(예컨대, 네덜란드 민주주의포럼, 폴란드 법과정의, 유럽 자유주의)와 직접 민주주의(예컨대, 브렉시트당) 등이 이에 해당한다. 극우 유럽 의회 의원은 무소속(L'SNS, XA)으로 남았다.

유럽 이외의 지역에서 국제적인 협력은 상당히 미개발되었고 유동적인 신나치주의 네트워크로 제한적이다. 극우 운동가들 사이에는 개인적인 인맥은 많지만, 제도적인 협력으로 발전하는 경우는 거의 없다. 그리고 러시아의 푸틴 대통령과 미국의 트럼프 대통령 모두 급진우익 정당과 정치에 공감하고 있음에도, 그들은 대체로 정치적으로 거리를 유지해왔다. 트럼프는 비교적 전 영국독립당과 현재 브렉시트당의 당수인 나이절 패라지Nigel Farage에 가까운 쪽이고, 푸틴의 (전) 정당인 통합러시아party United Russia는 지금까지 오스트리아 자유당 및 이탈리아의 동맹과 공식 협력 협정을 체결했다. 리쿠드 등의 이스라엘 우익 정당들은 최근 몇몇 유럽 우익포퓰리즘 정당(피데스와 북부동맹, 네덜란드의 자유당을 포함)과의 유대를 강화하면서도, 국민연합에 대해서는 신중한 태도를 보이며 오스트리아자유당은 계속 거부하는 태도를 고수했다.

더 읽어보기 2

카사파운드
(CasaPound, 이탈리아 신파시스트 운동)

대부분의 극우 단체는 정당과 사회운동조직, 하위문화 등 이들 범주 중 하나에 불과하지만, 일부 하위문화적 측면을 조직 구조나 선거와도 결합하는 더 유동적인 조직도 있다. 이번에 다룬 세 가지 유형의 조직을 모두 하나로 묶을 수 있는 단체는, 자칭 "파시스트 운동"인 카사파운드 이탈리아CasaPound Italy(CPI)이다. 이 단체는 근대 시인이자 파시스트 사상가인 에즈라 파운드Ezra Pound의 이름을 땄으며, 파시즘의 역사에 이념적 기원을 두고 있다. 비록 제도적으로 전후 이탈리아의 신파시스트 하위문화에서 벗어나기는 했지만, 노동헌장(1927년)과 베로나 선언(1943년)이 카사파운드에서 가장 주목할 만한 성과다.

2003년 카사 재단으로 설립된 이 단체는 로마의 한 건물에서 무단점거로 처음 출발했다. 이 단체는 과거 수십 년간의 급진적인 좌익의 무단점거 운동에서 단서를 얻었으며, 좀 더 폭넓은 지지 기반, 운동가, 대중을 위해서 콘서트 및 강연회를 조직했다. 2008년에는 이름을 카사파운드 이탈리아로 바꾸고, 공식적으로 '사회단체'가 되었으며, 주택문제와 이민 배척주의적인 복지, 즉 '진정한' 이탈리아인에게만 초점을 맞추었다.

오늘날 카사파운드 이탈리아는 거의 모든 이탈리아 지역에 존재하며, 현지에 150개 이상의 지부가 있고, 온라인상의 라디오 채널과 TV 채널뿐 아니라 오프라인에서 서점과 펍을 소유하고 있다. 이 단체는《페어 쿠아드라토_Fare Quadrato_》와《록시덴텔_L'Occidentale_》같은 잡지를 발행하기도 하고,《프리마토 에마누엘레_Il Il Primato Nazionale_》라는 신문을 발간하기도 했다. 이뿐 아니라 이탈리아 전역에 '비전형적인' 네트워크를 구축했으며, 카사파운드 이탈리아를 창립한 지안루카 이아논_Gianluca Iannone_이 설립한 제타제로알파_ZetaZeroAlfa(ZZA)_라는 밴드까지 있다.

카사파운드 이탈리아에서는 청소년 우익 학생 모임을 포함하여 수천 명의 운동가가 활동한다. 2013년 이후, 이 단체는 국가 및 지역, 지방 선거에 대해서는 미약한 성과를 거두었다. 2018년 카사파운드 이탈리아는 국회의원 선거에서 1퍼센트의 표를 얻었다. 이 단체는 파시즘 이념과 뿌리에 따라 이탈리아 시민들에게 독점적으로 음식을 제공하는 것과 같은 사회활동을 의회활동보다 우선순위로 두었다. 결국 전우애와 행동에 중점을 둔 카사파운드 이탈리아의 동조자가 2011년 피렌체에서 두 명의 세네갈계 이민자를 살해하는 테러가 일어나기도 했으며, 반파시스트와의 충돌을 포함하여 카사파운드 이탈리아가 정치 폭력에 연루되는 일이 발생하기도 했다.

극우는 집단뿐 아니라 사람들로도 함께 구성된다. 국제적으로 극우는 두 가지 정형화된 형태의 지지자들로 나뉜다. 첫 번째로는 백인이고, 나이가 많으며, 심술궂고, 인종차별을 서슴지 않는 형태로 나타난다. 이는 1970년대 미국의 시트콤〈모두 우리 가족 안에All in the Family〉의 아키 벙커Archie Bunker나 영국 시트콤〈죽음으로 우리가 헤어질 때까지Till Death Us Do Part〉의 앨프 가넷Alf Garnett과 같은 드라마 속 등장인물의 모습에서 나타난다. 두 번째로는 극우를 다룬 뉴스에서 거의 빠지지 않고 등장하는데, 문신을 과하게 하고, 젊고, 폭력적인 나치의 형태로 나타난다. 이 두 정형화된 이미지의 공통점은 저학력, 백인, 남성, 그리고 그들을 제외한 '나머지' 사람들에게 화가 나 있다는 것이다.

전체 인구에서 볼 때 이 정형화된 형태의 사람들은 실제 극우 안에서 소수임에도 과다하게 주목받았다. 극우에서 사람들의 움직임은 우리가 생각하는 것보다 훨씬 다양하다. 이 장에서는 극우의 지도자, 구성원, 운동가, 유권자에 대해 다뤄볼 것이다.

▌ 다양한 형태의 지도자들

프랑스의 장 마리 르펜은 여러 면에서 본질적인 극우 지도자의 조건을 갖췄다. 그는 백인(또는 국가에서 다수를 차지하는 민족이나 인종), 남성, 이성애자, 고령, 권위주의, 카리스마, 거친 면모, 폭력성, 군인 출신이라는 전형적인 극우 지도자의 특성을 지녔다. 전성기에 그는 매혹적인 연설가였고, 그의 연설을 듣기 위해 수천 명의 군중이 돈을 지불하고 모여들었다.

나는 1986년 파리에서 그를 보았는데, 그가 이끄는 국민전선은 극우 정당으로서는 유일하게 의회에서 상당한 대표성을 가진 정당이었다. 그러나 다른 모든 정당에서 국민전선의 연설을 보이콧하고, 단 한 명의 하원의원만 승인했기 때문에, 르펜은 자신의 진영을 유지하기 위해 고군분투했다. 그는 다른 정당을 "4개의 갱단"이라고 부르며 그들의 부패와 다문화주의의 위험성에 대해 맹렬히 비난했고, 그 결과 자신의 당 대표들뿐 아니라 많은 대중을 사로잡았다.

거의 20년이 지난 후, 나는 벨기에 겐트의 학생 클럽이 주최한 행사에서 그를 다시 만났다. 르펜은 이제 늙고 매력적이지 않으며 한물간 인물이었다. 그러나 그는 적어도 10년 정도는 그의 자취를 남기는 데 성공했다.

　극우 지도자들은 여러 유형으로 등장하기 때문에, 장 마리 르펜처럼 강력한 지도자는 거의 찾아보기 어렵다. 좀더 정확하게 말하자면, 르펜과 같은 타입의 지도자가 극우에서는 부족함이 없다고 여겨진다. 또한, 브라질의 자이르 보우소나루 대통령과 그리스 황금새벽당의 지도자 니콜라오스 미할롤리아코스Nikolaos Michaloliakos는 둘 다 군인 출신이라는 점에서 프랑스의 르펜과 매우 유사하다. 미국의 도널드 트럼프 대통령은 군 문제를 제외하면, 극우 지도자의 특성을 모두 가지고 있다고 봐도 무방하다(그는 베트남 전쟁에서 징집되지 않으려고 다섯 번이나 입영 연기를 신청한 것으로 유명하다).

　그러나 이러한 전형적인 특성을 가진 지도자는, 점점 더 다양화되는 극우 지도자들의 집단에서 급속히 소수로 전락했다. 물론 대다수의 지도자와 당 지도부는 여전히 백인·남성·고령·이성애자가 주축을 이루고 있지만, 점점 더 극우 지도자들은 주류 정당의 지도자들을 모방하고 있다. 대학 교육을 받았고, 정당 내에서 등급순위를 통과한 전문적인 정치인으로 점점 변하고 있는 것이다.

　스웨덴민주당의 임미 오케손과 벨기에 플람스연합의 지도자인 톰 반 흐리컨Tom Van Grieken이 이러한 변화를 반영하는 좋은 사례다. 임미 오케손은 스웨덴민주당의 청년당에 가입하기 전, 주류 우파 중도당의 청년당에 잠시 몸담았다. 그는 열아홉 살에 처음 지방의회에서 의원으로 당선되었고, 그 이후로는 직업 정치인으로 활동하고 있다. 마찬가지로 흐리컨은 어린 나이에 플랑드르 블록에 가입하여 고향에서 청년 지부를 설립하고, 20세에 지방의회에서 의원으로 당선되었다. 그 후 그는 전국 청년 지부의 지도자가 되었다. 그리고 불과 28세의 나이로 벨기에 역사상 최연소로 당수가 되었다. 오케손과 반 흐리컨은 둘 다 그들 정당이 변화했다는 증거이며, 이상적인 사위의 이미지로 당의 주류화를 돕는 데도 성공했다.

성공한 우익포퓰리즘 정당들의 현 지도자들은 대부분 나이가 든 편이며, 특성과 궤적에서 유사점을 찾아볼 수 있다. 소멸 직전의 위기에 놓였던 이탈리아의 북부동맹을 탈바꿈시킨 마테오 살비니는 중산층 가정 출신으로 대학에 다녔는데, 비록 오케손과 마찬가지로 정치계에 입문했기 때문에 대학을 졸업하지는 못했지만, 그 후 당을 위해 직업 정치인으로 일했다. 2016년 오스트리아 대통령 선거에서 거의 승리할 뻔했던 오스트리아자유당의 노르베르트 호퍼Norbert Hofer는 당시 당 의장이었던 하인츠-크리스티안 슈트라헤Heinz-Christian Strache의 측근으로, 정당 내의 경쟁을 뚫고 올라가기 전 보수적인 중산층 가정에서 성장했다.

유럽 밖에서도 극우 지도자들의 특성은 크게 다르지 않다. 인도의 나렌드라 모디는 온건한 가정환경에서 성장했지만, 젊은 나이에 극우 운동에 가담하여 스물한 살부터 극단주의인 민족봉사단의 운동가로 활동하기 시작했다. 거기서부터 그는 인도인민당에 배속되기 전, 민족봉사단 내부 경쟁을 뚫고 올라갔다. 또한, 남아공의 백인 민족주의자이자 자유전선플러스Freedom Front Plus의 지도자인 피에터 그로엔에왈드Pieter Groenewald는 학생일 때 아파르트헤이트를 지지하는 국민당National Party에 입당했다. 그는 아파르트헤이트를 지지하는 다수의 정당에서 오랜 정치 경력을 쌓은 뒤, 1994년 자유전선플러스를 공동 창당했다.

마찬가지로 칠레의 안토니오 카스트Antonio Kast는 보수적인 성향의 독립민주연합Independent Democratic Union의 오랜 회원이자 국회의원으로 활동했다. 이후 그는 2017년 대선에서 무소속으로 출마하여 득표율 10퍼센트를 얻었으며, 2018년 급진우익 정당인 공화당Republican Action을 창당했다. 이스라엘의 나프탈리 베네트Naftali Bennett는 유대인의집과 신우익에 가입하여 주도권을 잡기 전, 베냐민 네타냐후의 비서실장으로서 리쿠드정당에서 먼저 극우 운동을 시작했다.

모든 극우 지도자들이 남성이라는 고정관념에 박혀 있는 것은 아니다. 극우 단체에 여성 정당 지도자도 점점 증가하고 있다(제9장 참조). 그들 중에서 가장 유명한 인물은 장 마리 르펜의 막내딸인 마린 르펜이다. 그녀는 국민연합에서 아버지의 손으로 직접 뽑힌 후계자인데, 정작 마린 르펜은 그의 유산을 모두 당에서 철회해버렸기 때문에 그 후 여러 번 아버지와 공개적으로 갈등을 빚기도 했다.

르펜에게 계승된 지도력이 있다면, 당의 설립자이자 오랜 지도자로 활약한 덴마크인민당의 피아 키에르스고르Pia Kjærsgaard와 호주 한나라당의 폴린 핸슨과 같은 여성들은 자수성가한 경우다. 일부 극우단체들 역시 영국우선당Britain First의 제이다 프랜슨Jayda Fransen이나 영국을위한운동당For Britain Movement의 앤 마리 워터스Anne Marie

Waters와 같은 여성(대리인) 지도자들이 이끌고 있다.

전통적인 극우 정당보다는 우익포퓰리즘 정당에서 더 많은 사례이기는 하지만, 공개적으로 자신이 동성애자임을 밝힌 지도자도 있다. 극우의 역사상 유명한 동성애자 지도자의 예로는 2002년 첫 네덜란드 총선 몇 주 전에 살해된 핌 포르튀인Pim Fortuyn과 1991년에 에이즈로 사망한, 독일의 국가사회주의자/국가활동가의행동전선 ANS/NA의 악명 높은 지도자 미하엘 쿠넨Michael Kühnen을 들 수 있다. 현재 가장 주목받는 동성애자 극우 지도자는 알렉산더 가울란트Alexander Gauland와 함께 독일을위한대안을 이끄는 알리체 바이델 Alice Weidel이다. 바이델은 아마도 오늘날 극우의 전형에서 가장 벗어나 있는 지도자일 것이다. 그녀는 레즈비언 여성이고, 골드만삭스에서 일한 화이트칼라이며, 만다린어를 구사한다. 또한 스리랑카에서 태어난 비백인 배우자와 결혼했으며, 입양한 두 자녀와 함께 스위스에서 살고 있다.

마지막으로, 국가에서 다수를 차지하는 민족이나 인종에 속하지 않는 지도자들이 있다. 이것은 더 공공연히 인종차별주의자임을 드러내는 극단우익에서는 사실상 불가능한 경우지만, 이슬람을 혐오하는 데 주력하는 급진우익에서는 이러한 결점은 문제시되지 않는다. 그들에게 '타인'은 거의 독점적으로 무슬림이며, '우리'는 국가적·국제적인 특성을 공유하는 사람, 즉 '유대-기독교적 가치'라는 측면에서 정의된다. 그러므로 영국수호리그의 주요 조직자 중 한 명은 영국 국적의 시크교도인 구라밋 싱 칼리라이Guramit Singh Kalirai

였으며, 아프리카계 쿠바인 남성인 엔리케 타리오Enrique Tarrio가 극우 '서방 우월주의자Western Chauvinist'를 표방하는 프라우드 보이즈 Proud Boys의 마이애미 지부장을 맡을 수 있었다.

이외에도, 한국계 혼혈 일본인 아버지와 체코인 어머니 사이에서 태어난 토미오 오카무라처럼 국가 지도자까지 도전하는 극우 지도자도 있다. 그는 일본에서 성장한 후 체코로 이주하여 정치 활동을 시작하기 전에, 여러 가지 사업을 성공한 사업가였다. 이후 그는 2012년 무소속으로 체코 상원의원에 선출되어 1년 후 자신의 정당인 새벽-국민연합Dawn of Direct Democracy을 창당했다. 이후 2013년 전국 선거에 성공한 뒤 당이 분열되자 오카무라는 새로운 정당인 자유와직접민주주의Freedom and Democracy를 창당했고, 이 정당은 2017년 체코 역사상 가장 성공을 거둔 우익포퓰리즘 정당이 되었다. 오카무라는 체코인들에게 "이슬람 사원 앞에서 기르는 돼지를 산책시키라"는 인종차별적인 발언에 대한 비난을 회피하기 위해, 자신의 인종적 배경을 이용하기도 했다.

▌정당에 가입한 회원과 운동가의 특징

정치 단체들은 회원의 신분과 수에서 그들의 회원에 대해 비밀을 유지하려고 한다. 이는 극우단체에 대한 오명 때문에 회원들이 익명으로 남기를 원하는 것이 옳다고 생각하기 때문이다. 결과적으로, 우리는 이 주제에 관한 체계적인 연구가 전무한 실정이다. 대부분의 연구는 좀더 극우 활동에 헌신적인 회원들, 즉 극우 운동가 중 비전형적인 표본에 대한 인터뷰나 극우 모임의 참가자를 관찰한 것에만 기초한다.

몇 년 동안, 나는 시위와 파티 모임에서부터 바비큐 파티나 콘서트와 같은 좀더 일상적인 사교 모임에 이르기까지 여러 번의 극우 모임을 직접 관찰했다. 극우에 대한 개인적인 인상은, 비록 몇몇 국가적·조직적인 특수성에도 다른 사람들이 받았던 인상과도 크게 겹쳤다. 전반적으로 유럽의 극우 운동가들은 노동자 계급보다는 거의 전적으로 백인, 남성, 중산층이 많은 것으로 느껴졌다. 연령별로 보면, 극단우익(대부분 청년)과 급진우익(대부분 55세 이상)의 차이가 컸다. 예를 들어, 네덜란드의 소규모 및 단기 우익포퓰리즘 성향의 민주당원들을 대상으로 한 초기 연구에서는 그 회원들이 주로 남성, 노인, 노동자 계층, 무교, 더 도시화가 이루어진 서부에서 온 사람들이라는 것이 밝혀졌다.[9] 또한, 이탈리아 북부동맹과 스위스인민당 집회의 참가자들 사이의 조사 결과도 상당히 유사했다. 그들은 나이가 많지 않았으며, 북부동맹 참가자들은 적어도 평균적인 극우 유권자보다 교육을 더 잘 받은 편에 속했다.[10]

———

9 M. Esser and J. van Holsteyn, "Kleur bekennen: over leden van de Centrumdemocraten," in J. van Holsteyn and C. Mudde(eds.), Extreem-rechts in Nederland. Sdu, 1998.

10 D. Albertazzi and D. McDonnell, *Populists in Power*, Routledge, 2015. 이 자리를 빌려 동맹과 스위스인민당 관한 자료를 공유해준 던컨 맥도넬Duncan McDonnell에게 감사의 말을 전한다.

정당에 가입하지 않은 회원은 추적하기가 더욱 어렵다. 이러한 집단은 훨씬 더 소규모로 구성되며, 덜 조직적이고, 종종 좁은 지방이나 지역에만 국한된다. 종종 그들의 '회원'들은 특정 집단을 드나들며 때로는 일시적으로 더 넓은 하위문화로까지 이동한다. 대부분의 연구 결과, 행동과 이념 측면에서 특히 폭력적인 신나치 집단이 훨씬 더 극단적으로 행동하고, 남성적이며, 노동자 계급에 속하는 회원들이 많았다. 즉 30대 초반~40대 초반인 지도부를 제외하고는, 평균 15~25세 정도로 회원들이 훨씬 젊다는 것을 알 수 있었다. 여성 회원의 경우, 그들은 남성 구성원들과 그들의 자녀들을 지원하는 역할인 경우가 많았다(제9장 참조).

익명성은 이 집단을 연구하기 더 어렵게 만들긴 하지만, 온라인을 중심으로 구성된 조직에서는 회원의 특성이 조금 다르다. 일본에서 소수의 넷우익 운동가들을 대상으로 한 연구 결과, 그들은 대다수가 화이트칼라였고, 정규직이며, 대학에 다녔거나 혹은 다녔던 것으로 밝혀졌다. 또한 미국의 대안우파 지지자들을 대상으로 한 온라인 조사에서는 이들이 남성(3분의 2), 백인(거의 모두)인 경우가 압도적으로 많았고, 2016년 미국 대통령 선거에서 4분의 3이 도널드 트럼프에게 투표한 것으로 나타났다.[11]

학자들은 극우 운동가들의 궤적을 구분했는데, 이들이 극우에 왜

---

11 각각 다음을 참고하라. Higuchi, *Japan's Ultra-Right; P.S. Forscher and N. Kteily*, "A Psychological Profile of the Alt-Right," PsyArXiv, August 9, 2017.

가입하고, 왜 활동하는지에 따라 그들의 행적에는 차이가 있다. 극우 운동가들은 극우 정치에 평생 헌신한 혁명가들, 극우 정치로 전향하기 전 주류 정치에서 활동한 개종자들, 광범위한 극우 단체와 비극우 단체에서 활동해온 방랑자들, 그리고 그들 자신이 선택한 것이 아니라 가족 관계로 인한 연결과 같이 통제할 수 없는 상황 때문에 극우 활동을 하게 된 순응자들로 구분할 수 있다. 극우 회원(및 유권자) 중에서 가장 큰 집단은 개종자이며, 지도자는 혁명가인 경우가 더 많다. 그리고 순응자는 남성보다 여성들 사이에서 더 흔하다(제9장 참조).

▌ 각계각층의 유권자들

1980년대 초, 제3의 물결이 시작된 이래로 학자들은 극우 정당의 선거 지지도를 자세히 연구했다. 이 장에서는 극우 지지자들의 성향과 그들의 사회인구학적 특성을 다루며, 극우 지지자의 동기는 제6장에서 더 자세히 다룬다.

서유럽의 극우 정당들의 '전형적인' 유권자는 백인·남성·청년이면서 중간 정도의 교육을 받았으며, 이민자와 이민에 대한 염려가 큰 것으로 드러났다. 우리가 생각하는 전형적인 극우 유권자는, 극우 정당 유권자 중 소수에 불과하다. 더구나 대부분의 국가에서는, 이러한 극우의 특성을 가진 사람들의 대다수가 극우 이외의 정당에 투표한다.

서유럽 극우 정당들은 처음에는 소규모로 시작했다. 그들은 정치에 불만족스러운 사람들, 주류 우익 유권자들, 쁘띠 부르주아(중산층)들, 자영업자들을 끌어들였다. 1990년대의 극우의 선거 돌파구는 그들의 선거인단을 '노동자 계급화'한 결과였다. 점점 더 많은 수의 백인 노동자들이 사회민주주의 정당들에 완전히 배신당하지는 않더라도, 마치 버림받은 것처럼 소외당하자 국민전선과 오스트리아자유당과 같은 극우 정당들은 이들 노동자들을 끌어들였다. 극우 정당들의 '제3의 길'에서의 변혁은 시장 경제를 포용하는 것뿐 아니라 범세계적으로 지켜야 할 가치의 방어를 포함했다. 실제로 1990년대 후반에는 각국의 사회민주주의 정당보다 국민전선과 오스트리아자유당이 자국 내 백인 노동자 사이에서 더 인기가 있었다. 오늘날, 독일을위한대안과 네덜란드의 자유당과 같은 소규모 정당들도 자국에서 강경한 '노동자 정당'에 속한다.

극우 정당들이 점점 더 선거에서 성공을 거두면서, 그들의 선거인단 역시 점점 이질적으로 변화를 겪었다. 이미 1990년대 초반에 프랑스 학자들은 국민전선의 선거인단을 이전의 투표 행태와 정치적 태도를 바탕으로 구분했는데, 노동자 계층인 '좌익'과 대체로 모호한 '중도', 그리고 지배적인 쁘띠부르주아인 '우익'으로 나눴다.[12] 그리고 주로 극우에 반대표를 던지는지, 아니면 극우가 아닌 다른 정당에 반대표를 던지는지에 기초하여 유권자들을 '반대'와 '지지'로 구분

---

12 예를 들어, 다음을 참고하라. N. Mayer, *Ces Francais qui votent Le Pen*, Flammarion, 2002.

했다(제6장 참조).

그러나 이 두 가지 선거인의 특성이 결합된 보우소나루나 트럼프 등 극우 지도자들이 이끄는 주류 정당들은 말할 것도 없고, 헝가리의 피데스나 스위스인민당과 같이, 보수에서 급진우익으로 돌아선 정당에서는 이러한 기준을 적용하기가 어렵다. 예를 들어, 최근의 한 연구는 다음과 같은 다섯 가지 유형으로 트럼프 유권자를 구별했는데, 미국 보존론자들American Preservationists(20퍼센트), 견고한 보수주의자들(31퍼센트), 자유시장주의자들(25퍼센트), 반지성주의자들(19퍼센트), 예측불가(5퍼센트)로 나뉘었다.[13] 마지막 두 유권자 집단은 일반적인 극우 성향의 선거인단과 잘 맞아떨어지지만, 앞의 세 유권자 집단은 보수적인 선거인단과 더 비슷하여 예측하기가 어렵다.

이 장을 한마디로 정리하자면, 극우 세력의 인기가 높을수록 그들의 지지 기반은 다양해진다. 대중에게 극우 지지자의 이미지는 여전히 정형화된 백인·노동자 계층·남자인 반면, 극우 세력은 각계의 다양한 지도자·운동가·유권자들을 끌어들이려고 한다. 그리고 성공한 우익포퓰리즘 정당들은 제3의 물결에서는 노동자 계층만 대변하는 정당이었으나, 제4의 물결에는 사회 각계의 거의 모든 사람들을 대변하는, 이른바 '대중정당Volksparteien'으로 탈바꿈했다.

———

13 E. Elkins, "The Five Types of Trump Voters: Who They Are and What They Believe," *Democracy Fund*, 2017. https://www.voterstudygroup.org/publications/2016-elections/the-five-types-trump-voters.

THE FAR RIGHT TODAY

5장

극우의 이미지,
극우의 정체성:
활동

선거, 시위, 폭력은 극우의 주요 활동이다. 우익포퓰리즘 정당들은 시위에서 소극적으로 활동하는 지지자들을 끌어모으는 데 그쳤지만, 선거에서는 점점 더 많은 수의 유권자들을 끌어모았다. 이러한 작은 성공과는 대조적으로, 극우 단체들은 선거에 이기는 경우는 거의 없으며, 이보다 더 적은 수의 지지자들이 거리로 나와 활동할 뿐이다. 그리고 주로 비폭력적인 경향이 강한 곳에서는, 우익포퓰리즘 정당과 단체는 정치 폭력에 더 자주 연루된다.

전후의 상당 기간에, 극우에서 저지르는 정치 폭력은 대부분 일부 폭도들의 임의적·자발적인 공격으로만 제한되어 있어서, 잘 조직화된 극우 테러 집단은 드물었다. 단, 1990년대 동독과 동유럽에서 조직화된 반이민 및 반집시 테러인 포그롬pogroms은 예외적이다. 유럽에서는 이른바 난민 위기(2015년)와 미국의 도널드 트럼프 대통령 당선(2016년)을 계기로 극우 시위와 집회의 빈도와 규모가 커졌으며, 정치 폭력 역시 더 심화되었다. 9·11 테러 이후 지하드 테러에 대한 강박관념은 더욱 악화되어 수십 년 동안 우익의 맹목적인 행동을 부추겼고, 이제는 점점 더 많은 국가의 사법기관과 정보기관들이 점점 더 커지는 극우 테러의 위협에 대해 경고하고 있다.

▌가장 중요한 동원력, 선거

선거는 민주주의 체제에서 가장 중요한 동원력의 구체적인 형태다. 또한, 선거는 누가 우리를 대표할 것인가를 결정하기 때문에 정치적 영향력을 얻기 위한 궁극적인 포럼이기도 하다. 선거가 항상 면밀하게 언론에 보도된다는 점을 고려한다면, 선거는 언론의 주목을 받을 수 있는 좋은 방법이다. 마지막으로, 선거는 중요한 재정 자원을 얻을 기회다.

정당이 선거를 치르기 위해서는 선거비용이 필요한데, 많은 국가에서는 전국 선거에서 그들이 받은 의석수나 득표수에 따라 선거비용을 돌려주는 비용보전제도를 갖추고 있어 이는 사실 큰 문제가 되지 않는다. 게다가, 일단 정당들이 입법기관·지역·국가 또는 초국가적 수준에서 대표성을 얻게 되면, 그들은 훨씬 더 많이 언론에 보도되고, 따라서 재정 자원에도 접근 가능성이 높아진다. 많은 극우 운동가들에게 국회의원이 되거나 심지어 입법 보조원으로서 활동하는 것은, 비정치적인 경력에 비해 상당히 활동하기 쉽고 급여도 좋은 직업이다.

연도	평균 득표율(퍼센트), 국가의회	평균 득표율(퍼센트), 유럽의회
1980 ~1989	1.1	2.4
1990 ~1999	4.4	4.3
2000 ~2009	4.7	5.6
2010 ~2018	7.5	7.6

• (출처: Parlgov)

거의 모든 극우 정당들이 선거에서 경쟁하지만, 일부 소규모 극우 정당들은 간헐적으로만 선거전을 벌인다. 예를 들어, 아이슬란드국민전선Icelandic National Front은 2016년 전국 선거에 뛰어들었지만, 2017년 전국 선거에서는 나서지 않았다. 현재 평균적으로 유럽의 극우 정당들은 전국 투표의 약 7.5퍼센트를 얻었다(위의 표 참조). 그들의 선거 결과는 단지 소수의 투표로 끝나는 것에서부터, 유권자의 완전한 과반수를 차지하기까지 다양하게 나타났다. 예를 들어, 아이덴티티아일랜드Identity Ireland는 2016년 아일랜드 선거에서 0.05퍼센트 미만(전체 181표)을 얻는 데 그쳤지만, 2018년 헝가리 선거에서 피데스는 49.3퍼센트를 득표했다.

극우 정당들은 1차 선거보다 2차 선거에서 더 지지율이 높은 것으로 알려져 있는데, 이것은 국가 행정부의 헌법을 결정하는 선거에서 지지율이 높다는 것을 의미한다. 이렇게 알려진 이유는, 사람들이 그것이 중요하다고 생각할 때는 정성을 다해 투표하지만, 그렇지 않을 때는 마치 발로 걸어차듯이 속전속결로 투표하기 때문이다. 그러나 이러한 생각과 달리, 실제로 극우 정당들은 전국(1차)과 유럽(2차) 의회 선거에서 비교적 비슷한 결과를 얻었다. 또한, 그들은 지방이나 지역 선거에서 더 결과가 나쁘게 나오는데, 이는 많은 극우 정당들이 전국적으로 선거를 치를 수 있는 제도적 능력을 갖추고 있지 않아서 다. 하지만 다른 측면에서 보면, 벨기에의 안트베르펜VB, 인도의 구자라트BJP, 프랑스의 노르파드칼레피카르디RN, 스웨덴의 스코네SD 등 자국에서 지역 선거를 실시할 때 전통적인 지역 표밭에서 몰표를 받는 예외적인 경우도 존재한다.

　오늘날 가장 성공한 극우 정당들은 주류 우익에서 우익포퓰리즘 정당으로 탈바꿈한 정당들이 대부분이다. 헝가리의 피데스나 폴란드의 법과정의와 같은 동·중유럽 정당들을 최근의 사례로 꼽을 수 있으며, 서유럽의 오스트리아자유당과 스위스인민당이 그러한 사례 중 하나다. 유럽 외의 사례로 이스라엘의 리쿠드정당은 극우를 다루는 데 중요하지만 간과되는 예다. 이러한 정당들은 이른바 '명예의 방패'에서 이익을 얻었다. 즉 그들 당의 기원이 극우라는 오명으로부터 그들을 보호해준다. 이미 당의 색채가 우익포퓰리즘 정당으로 변신한 지 오래지만, 국가·국제·언론·정치에서는 그들을 보수주의자로 계속 인식한다. 대부분의 경우, 그들의 극우로의 급진화는 선거에서 그들에게 손해라기보다는 오히려 도움이 되었다.

　극우 후보들은 국회의원 선거보다 대선에서 더 지지율이 높은 경우가 많지만, 정작 승리를 거두지는 못한다. 가장 성공한 극우 정치인들조차도 브라질 사회자유당Social Liberal Party의 자이르 보우소나루나 미국 공화당의 도널드 트럼프처럼 비급진우익의 후보로 출마했다. 또한, 극우를 두고 대부분의 사람들이 극도로 선호하거나 극도로 혐오하는 양극화 현상이 발생한다. 따라서 극우 정치인들은 결선투표제 체제를 도입한 국가에서는 선거에 성공하지 못한다. 일례로, 프랑스에서 장 마리 르펜(2002년)과 마린 르펜(2017년)이 모두 2차 투표의 후보가 되었지만, 고배를 마셨다. 하지만 2016년 오스트리아 대선 2차 투표에서 오스트리아자유당의 노르베르트 호퍼 후보가 근소한 차이로 패배하는 등 이러한 상황은 점차 바뀌고 있다.

극우 단체들과 정당들은 국민투표에서 평가가 엇갈리는 성공을 거두었다. 많은 국가에서 국민투표를 조직할 때 높은 문턱을 세우는데, 이는 극우 세력이 단독으로 국민투표, 즉 국민의 주도권을 구성할 수 없다는 것을 의미한다. 1993년 오스트리아자유당은 반이민 정서를 담은 "오스트리아 퍼스트"라는 슬로건을 내세우며 국민투표를 조직하려고 노력했는데, 결국 이 국민투표는 성공을 거두지 못했다. 마찬가지로, 2016년 네덜란드의 몇몇 우익포퓰리즘 운동가들과 단체들이 우크라이나와의 EU 협회 계약European Union Association Agreement에 대해서 국민투표를 조직하도록 네덜란드 정부에 강요했다. 61퍼센트가 협약에 반대했고, 32퍼센트의 투표율로 극우 세력이 국민투표에서 이겼음에도, 정작 네덜란드 정부는 투표 결과를 무시했다. 그러나 이 캠페인은 정치 신인이었던 티에리 바우뎃과 그의 네덜란드민주주의포럼을 가장 주목받게 했고, 그에게는 여러 정치 경력의 출발점이 되었다.

극우와 국민투표의 가장 유기적인 관계는 직접민주주의로 유명한 스위스에서 찾아볼 수 있다. 스위스인민당은 공식적으로는 스위스 헌법에 따라 스위스 정부의 일부지만, 정기적으로 스위스의 국민발안Volksinitiative을 통해 특히 EU 가입과 이민에 관한 국가 및 지역의 입법을 원천 차단하려고 애쓴다. 스위스인민당의 크리스토프 블로허는 이러한 목적을 위해 1986년 '독립 및 중립 스위스를 위한 캠페인Campaign for an Independent and Neutral Swiss'이라는 정치 조직을 공동으로 설립하기도 했는데, 이 조직은 공식적으로는 비당파적이라지만 오랫동안 스위스인민당과 손잡고 선거운동에 참여했다.

▌관심을 끌기 위한 쇼맨십, 시위

많은 극우 단체들, 특히 선거에 아직 뛰어들지 않은 단체들에게, 시위는 그들의 가장 중요한 활동이다. 독일의 학자 파비안 피르호Fabian Virchow는 시위와 행진을 참가 단체들을 위해 여러 가지 중요한 기능을 수행하는 "정치적인 행동"이라고 설명했다. 그는 시위와 행진에 대해 "느슨하게 조직된 소규모 집단을 감정적으로 동일시되는 집단으로 모을 뿐 아니라, 극우 추종자들을 조직·교육·세뇌하는 역할을 한다"고 정의했다.[14]

---

14 F. Virchow, "Performance, Emotion, and Ideology: On the Creation of 'Collectives of Emotion' and Worldview in the Contemporary German Far Right," *Journal of Contemporary Ethnography*, 36(2), 2007, pp. 147~164 (p. 147).

시위는 각기 다른 기능을 수행하고, 동원 및 조직 수준 역시 시위마다 다르다. 규모가 큰 극우 단체와 운동은 언론을 통해 여론에 영향을 미치기 위해 대규모 시위를 조직하고, 주류 정당에 정치적 압력을 가한다. 한편 소규모 집단들은 주류 언론의 관심을 끌려는 목적으로 소수의 운동가들만 참여하는 비교적 작은 시위를 조직하는 경우가 많으며, 이는 그들의 목소리를 불특정다수의 청중에게 전파한다. 특히 아이덴타리언Identitarian 운동은 매스미디어에 맞는 시위나 행사를 만드는 데 능숙하다(더 읽어보기 3 참조). 스칸디나비아의 북유럽 저항운동NMR이나 미국의 프라우드보이즈와 같은 더 극단적인 단체들은, 행동을 통해 그들의 전우애를 강화하기 위해 반파시스트와 경찰과의 대립을 유발하기 위한 시위를 주로 조직한다(제9장 참조).

서유럽의 전형적인 극우 시위는 지방 도시에서 열리며, 15~40세 사이의 백인 남성이 대다수인 시위대는 그들을 막으려는 폭동 진압 경찰들, 이들보다 더 많은 프리랜서 기자들, 적어도 두 배 이상의 '반파시스트' 시위자들에게 둘러싸인 모습이다. 급진우익 시위는 이보다는 더 많은 군중과 더 적은 수의 반대 시위자들을 모을 수 있지만, 특히 그들을 둘러싼 언론의 과장된 보도를 생각해본다면, 여전히 놀라울 만큼 드문 횟수와 소규모로 시위가 열린다. 극우 단체들은 이탈리아의 긴축조치 반대나 미국 오바마 행정부에 대한 반대 등 여러 가지 이슈에 대해 시위를 조직하기도 했지만, 대부분의 시위는 이민 및 통합과 관련된다.

반이슬람 시위는 유럽 전역에서 흔히 볼 수 있는 일이 되었으나,

유럽뿐 아니라 인도나 이스라엘과 같은 곳에서도 마찬가지다. 반이슬람 시위와 동의어가 된 두 단체가 있는데, 바로 영국수호리그와 독일의 페기다이다. 이들은 자국 및 그밖의 국가에 조직된 수십 개의 파생 단체에 영향을 미쳤다. 캐나다수호리그Canadian Defence League와 노르웨이수호리그Norwegian Defence League, 그리고 독일 라이프치히의 레기다LEGIDA와 미국의 페기다와 같은 파생 단체들이 생겨났으나, 실제로 이러한 파생 단체 중 모체의 성공에 가까워진 단체는 단 하나도 없었다. 단체들 안에서도 시위 참가자 수는 극명하게 차이가 났다. 영국수호리그는 한 번의 시위에서 3천 명 이상의 사람들을 거리로 모은 적이 없는 반면, 페기다는 독일 드레스덴에서 약 2만 5천 명으로 정점을 찍었다.

동유럽에서는 극우 시위의 규모가 상당히 커질 수 있고, 이에 반대하는 세력은 적다. 이는 부분적으로 그들이 '존중'이라는 미명하에 시위를 조직하여 극우 시위대와 주류 시위대를 모두 끌어들이기 때문이다. 예를 들어, 폴란드에서는 2017년 바르샤바에서 열린 독립기념일 행진에 3개 극우 단체의 주도하에 6만여 명이 참석했다. 이듬해 폴란드 독립 100주년을 맞아 법과정의 정부는 자체적인 조직보다는 극우 단체로 조직된 행진에 동참했고, 군중은 20만 명대로 정점을 찍었다. 그리고 우크라이나에서는 수만 명의 극우 운동가들이 러시아의 크림반도 점령에 맞서 싸우는 신나치단체인 아조프대대Azov Battalion를 포함한 극우의 영웅들을 기념하기 위하여, 때로는 횟불 행진을 동반하며 키예프 거리를 정기적으로 행진한다.

'난민 위기'를 계기로 상향식이고 자발적인 반난민 시위가 급증했다. 이들 시위 중 상당수는 순전히 지역에만 국한된 범위에서 이루어졌는데, 이들의 쟁점은 지역사회에 난민 정착을 막는 것이었기 때문이다. 극우 단체들은 종종 이러한 지역에서 열린 시위들을 가로채려고 시도했다. 이러한 시위들이 전국 또는 지역 언론에 보도된 후, 많은 지역 시위자들은 그들을 "극단주의자" 또는 "외부인"이라고 칭하며 거부했다. 특히 동·중유럽에서는 소규모의 지역적·자발적인 시위가 더 크게 성장했다.

전국적인 시위에서 이들 집회의 동원과 조직에는 종종 신구 극우 단체들이 중요한 역할을 했다. 예를 들어, 2015년 슬로바키아의 수도 브라티슬라바에서 열린 가장 큰 전후 공산주의 시위인 반난민 시위의 주최자들은 신파시스트 정당인 국민정당-우리의슬로바키아와 긴밀하게 협력했고, 같은 해 체코 프라하에서 열린 집회에서는 최근에 급진적인 우익으로 노선을 변경한 전 사회민주주의자 밀로시 제만Miloš Zeman 체코 대통령과 함께, 지금은 해산된 이슬람에대항하는블록Bloc Against Islam의 지도자가 함께 국가를 불렀다.

유럽 이외 지역에서도 극우 시위의 인기는 높아졌다. 한국과 일본의 관계가 악화되자, 혐한 운동 온라인 단체인 재특회는 2012년 4월부터 2015년 9월까지 일본 전역에서 1천 회 이상의 시위를 벌였다. 대부분의 시위에는 참석자 수가 상대적으로 적었지만 일부 시위는 폭력 시위로 번졌고, 이들의 혐한 운동은 일본 정치를 지배하는 자민당 고위 정치인들의 지지를 받았다.

인도에서는 힌두주의 운동권에서 정기적으로 대규모 시위를 일으켰다. 예를 들어, 2018년 콜카타에서는 반무슬림 인도 우익 단체인 힌두 삼하티Hindu Samhati 민족주의 운동의 창립 10주년을 맞아 7만여 명이 모였다. 브라질에서는 2018년 대선을 앞두고 전국적으로 보우소나루를 지지하는 대규모 집회가 열렸다. 이와는 대조적으로 트럼프는 당선 전후에 자신의 집회에서 꽤 많은 인파를 끌어모았지만, 친트럼프 시위는 특히 반트럼프 시위보다 뇌리에 남는 결과를 얻은 경우가 드물었다.

▌치명적이고 계획적인 작전, 폭력

규모가 큰 우익포퓰리즘 정당이든, 그보다 더 작은 극우 단체든, 개인이든 간에, 극우는 일반적으로 폭력과 연결된다. 그러나 주로 극우 폭력을 자행하는 사람들은 전통적으로는 정치적인 조직의 지도자들이 아니라, 기껏해야 극우 운동과 주변적인 관계를 맺고 있는 개인 혹은 소규모 집단이었다. 그렇지만, 최근 몇 년간 극우 폭력은 크라이스트처치(뉴질랜드), 피츠버그(미국), 우퇴위아섬(노르웨이)에서 있었던 테러 공격이 보여주듯이 계획적이고 규칙적이며 치명적으로 발생했다. 그리고 '난민 위기' 이후, 점점 더 많은 국가에서 독일의 국가사회주의지하조직National Socialist Underground과 같은 극우 테러 집단의 부상을 우려하는 목소리가 커졌다.

정치적 폭력이 그들의 행동 레퍼토리에서 필수인 몇몇 극우 정당들도 있다. 그리스 신나치당 골든던은 이민자와 정적들에 대한 일련의 폭력적인 공격과 연관되었다. 그들은 "그리스의 적"으로 인식되는 사람들을 공격하기 위해 비밀리에 그림자 조직을 구성했다는 비난을 받았다. 그리고 '회색 늑대들Grey Wolves'로 알려진 터키 민족주의자운동당MHP의 청년당은, 터키에서의 반대파는 물론 해외의 터키 이민자 커뮤니티를 공포에 떨게 하며 악명을 떨쳤다. 그리고 랍비 카하네Kahane의 이스라엘 카흐는 이스라엘의 방위동맹인 미국에서 폭력조직으로 출발했으며, 여러 차례의 테러 공격에 연루되었다. 오늘날에도 이들은 여러 나라에서 활동하고 있으며, 회원들은 다른 나라 중에서도 캐나다와 프랑스의 정치적 폭력과 연계되었다.

많은 나라(독일, 인도, 스웨덴, 미국 등)에서 극우는 극좌보다 인종적·종교적 소수 민족에 가해진 많은 정치적 폭력의 주범이다. 오슬로대학 극단연구센터의 노르웨이 테러학자 제이콥 아스란드 라븐달Jacob Aasland Ravndal은 1990년~2015년 사이 서유럽에서 발생한 극우 폭력사건이 578건이며, 이 중 190건이 사망사고이고, 총 303명의 사망자가 발생한 것으로 추산했다.[15] 미국(1990~2013년)과 거의 같은 기간 동안, 극우 운동가들은 극우 이념을 범행동기로 총 155건의 폭력 사건을 일으켰으며, 368명의 사람을 살해했다.[16] 물론, 이것은 대상이 된 커뮤니티에 대한 인식은 물론이고, 실제 폭력의 겉면이나 그

---

15 J.A. Ravndal, "Right-Wing Terrorism and Violence in Western Europe: Introducing the RTV Dataset," *Perspectives on Terrorism*, 10(3), 2016. http://www.terrorismanalysts.com/pt/index.php/pot/article/view/508/1008.

것의 위협만을 일부분 채취한 것에 불과하다.

　대부분의 극우적 폭력(즉 극우적 사상에서 영감을 받은 폭력)은 '외국인(소수 민족, 이민자, 난민)' 또는 '타락한 도덕성(페미니스트라고 여기는 사람, 동성애자, 좌익, 노숙자)'을 가졌다고 인식되는 사람들을 대상으로 한다. 전형적인 가해자는 젊은 백인 남성으로, 그들은 보통 술에 취한 상태에서 피해자를 자발적으로 공격한다. 때때로 더 큰 집단의 사람들이 지역 사건이나 소문에 의해 촉발된 자발적인 폭동을 일으킨다. 반집시 포그롬은 동·중유럽에서 오랜 역사를 가지고 있으며, 인도에서 일어나는 반무슬림, 반시크교 포그롬도 그와 마찬가지다. 그리고 2018년, 독일 동부의 켐니츠에서 축구 훌리건들이 이끄는 폭력적인 폭도들이 '외국인'을 찾아 사냥에 나섰다. 쿠바계 독일인 남성이 난민으로 의심되는 두 명과 말다툼 끝에 칼에 찔려 사망한 사건이 일어났기 때문이다.

　최근 몇 년간 극우 테러의 위협이 점점 더 심해졌다. 이른바 '외로운 늑대'라고 불리는 단독범들은 더 광범위한 극우 하위문화, 특히 온라인에 의해 종종 싱딩한 영향을 받았다고 추정되며, 악명 높은 극우 테러 사례의 대부분을 자행한 것으로 밝혀졌다. 2010년 오슬로 폭탄 테러와 우퇴위아섬 총기 난사로 77명의 사망자와 319명의 부

---

16 J.D. Freilich, S.M. Chermak, J. Gruenewald, and W.S. Parkin, "Far-Right Violence in the United States: 1990.2013," START, 2014. http://www.start.umd.edu/pubs/START_ECDB_Far Right Violence_FactSheet_June2014.pdf.

상자가 발생했는데, 이 테러의 용의자인 노르웨이 국적의 테러리스트는 우익포퓰리즘 정치인과 극우 온라인 소식통으로부터 영감을 얻은 자신의 선언문을 출간했다.[17] 그리고 2019년 뉴질랜드 크라이스트처치의 이슬람 사원 두 곳에서 50명을 살해하고 50명에게 중상을 입힌 호주의 테러범은 보수와 극우 모두에서 유행한 음모론을 따서 자신의 선언문을 '대전환The Great Replacement'이라고 명명했다(제3장 참조). 그리고 2018년 이탈리아의 마체라타 총기난사 사건 당시 이민자 6명을 다치게 한 북부동맹의 후보처럼, 일부 '외로운 늑대'는 실제 극우 단체와 연관이 있었다.

최근 극우 테러 조직의 가장 악명 높은 사례는 독일의 신나치 테러 집단인 국가사회주의지하조직으로, 세 명의 핵심 인물로 구성되어 있으며, 10건의 살인, 3건의 폭탄 테러, 14건의 은행 강도에 대한 범죄 혐의를 받았다. 영국에서는 신나치 단체 국가행동이 2016년 회원 상당수가 소수 민족과 그들의 정적에게 협박을 가하거나 폭력을 행사한 혐의로 기소돼 공식적으로 활동을 금지당했다. 2018년 프랑스 당국은 무슬림들에 대한 테러 공격이 임박한 것으로 추정되는 소규모 극우 테러단체 작전군사행동Operational Forces Action을 강제로 해체했다. 그리고 인도에서는 의용단일가Sangh Parivar조차도 너

---

17 명성을 얻는 것이 그들 행동의 주요 동기 중 하나이고, 이는 곧 다른 잠재적인 테러리스트들을 고무시키는 역효과를 낼 수 있기 때문에 이 책에서는 극우 테러리스트들의 이름을 언급하지 않았다.

무 극단적이라고 여기는 힌두 극단주의 단체인 아브히나브 브하랏 Abhinav Bharat이 2006년과 2008년 사이에 여러 차례의 치명적인 폭탄 테러를 저질렀다.

극우 무장단체들은 특히 노골적인 테러를 포함한 정치적 폭력을 저지르기 쉽다. 대부분의 유럽에서 준군사조직은 제복은 입었지만, 공식적으로는 무장단체라고 밝히지 않았다. 헝가리 경비대는 더나은헝가리를위한운동Jobbik과 같은 극우 정당에 의해 설립되었으며, 명목상 활동을 금지당했다지만 여전히 운영 중인 준군사조직이다. 이외에도 이탈리아 북부에서 출발한 북부동맹의 녹색셔츠단(카미치에 베르디Camicie Verdi), 체코 국민당의 국가경비대와 같은 극우 정당들이 운영하는 무장단체들이 있다. 이러한 집단이 공공연한 신체적 폭력을 행사하는 경우는 거의 없지만, 그들은 존재한다는 것만으로도, 단체로 검은 부츠에 검은 제복을 입고, 횃불을 들고, 개를 동반한 모습 자체만으로도 그들이 목표로 하는 사람들(대부분의 이민자와 집시)을 공포에 떨게 하려는 목적을 달성했다.

마찬가지로, '난민 위기'의 여파로 유럽에 여러 개의 새로운 민병대가 출현했다. 예를 들어, 오딘의병사들은 주로 스칸디나비아에 있는 몇몇 서유럽 국가의 도시들에서 거리를 '순찰'해왔으며, 중유럽과 동유럽에서는 체코의 국가가정경비대National Home Guard와 슬로베니아의 슈타예르스카폭력단Stajerska Gang claim과 같은 단체들이 이민자와 난민으로부터 지역 주민을 보호하고 있다고 주장한다. 그러나 현재 가장 위험한 조짐은, 우크라이나의 우크라이나예비역군대인국민위병Ukrainian National Guard에 통합된 아조프 대대다. 그들은 공개적으로 극우에서 활동하는 운동가들이 "모든 우크라이나 가정에 번영을 가져올 질서를 확립하기 위해 무력을 사용하라"라고 하며 전쟁 경험과 무기 사용을 독려한다.

민병대로 더 널리 알려진 미국의 준군사조직은 미국의 총기 문화와 느슨한 총기 규제 때문에 항상 중무장 상태다. 우익 민병대는 1990년대에 급증했으나, 1995년 오클라호마시티 폭탄 테러 이후 크게 줄어들었다. 이후 버락 오바마 대통령 시절 민병대의 수는 다시 급격히 증가했으며, 트럼프 대통령에 의해 이들은 더욱 대담해졌다. 전통적으로 민병대는 특히 연방정부에 강력한 반정부적 태도를 보여 왔으며, 많은 사람들이 (연방) 주와 그 대표들에 대한 위협과 폭력에 연루되었다. 그러나 트럼프가 백악관에 들어서자 많은 민병대가 반정부에서 친정부 성향으로, 하다못해 확고한 친대통령 성향으로 바뀌었다. 맹세의수호자Oath Keepers, 3퍼센트들Three Percenters 등과 같은 일부 새롭게 결성된 단체들은 만약 트럼프 대통령이 탄핵당한다면 폭력을 행사하겠다고 위협했다.

극우 단체에서의 준군사조직의 구성은, 지방 보안관이 이 땅의 최고 권위자라고 믿는 개인과 단체들의 매우 느슨한 네트워크인 '주권 시민' 운동과 상당히 겹친다. 미국에서 발생한 수십 건의 총기 난사 사건은, 주로 체포 시도나 교통 단속에 대한 불응 때문에 발생했다. 또한, 독일에서는 독일 연방공화국의 정통성을 거부하고 1919년의 바이마르 헌법이 여전히 유효하다고 믿는 제국시민운동

Reichsbürgerbewegung이 미국과 비슷한 형태의 운동이다. 이들은 미국의 비슷한 유형의 신도들보다는 훨씬 덜 무장했으며 덜 치명적이지만, 자칭 제국시민Reichsbürger들은 법 집행에 불응하는 몇 번의 총격전에 연루되었다.

의심할 여지없이, 세계에서 가장 강력하고 폭력적인 극우 단체는 인도의 집권당인 인도인민당과 매우 가까운 5~6백만 명의 회원을 가진 준군사조직인 민족봉사단이다. 민족봉사단은 인도가 영국 통치하에 있을 때는 활동을 금지당했으며, 정치적 폭력과 테러에 연루되어 인도의 독립 이후에도 세 번 불법화되었다. 민족봉사단은 1992년 마지막으로 활동이 금지되었는데 그 원인은 그들에 의해 자행된 아요디야 이슬람 사원의 파괴 때문이었다. 이로 인해 총 사망자가 2천여 명에 이르는 다양한 폭동이 뒤따랐다. 2014년 인도인민당이 정권을 탈환한 이후, 민족봉사단에서 조직된 수많은 힌두주의 무장단체들은 소고기를 먹는 사람들(소는 힌두교 신앙에서 성스러운 동물로 여겨진다)을 포함하여 그들이 생각하는 국가의 적들(인도에서 가장 큰 종교적 소수자는 이슬람교도다)에 대한 폭력에 두드러지게 관여했다.

아이덴티타리언

아이덴티타리언Identitarians은 2003년 프랑스의 아이덴타리언 블록Identifientic Block에서 시작된 범유럽 극우 운동이다. 2012년에 이 운동의 청소년 모임인 세대정체성Generation Identity이 설립되면서 이 운동은 국제적으로 시작되었다. 이 운동은 현재 오스트리아, 체코, 독일, 아일랜드, 이탈리아, 영국 등 유럽 전역에서 이루어지고 있으나, 미국에서는 유로파 정체성Identity Evropa과 같은 다양한 '대안우파' 단체들이 아이덴타리언의 역할을 뒤집어쓰고 있다. 물론 미국의 브리트니 페티본Brittany Pettibone과 캐나다의 로렌 서던Lauren Southern처럼 예외적으로 친밀한 관계를 유지하는 단체도 있지만, 이들 간에는 상당한 이념적 차이가 있고, 개인적인 인맥 역시 상대적으로 제한적이기에 대립을 겪고 있다.

아이덴타리언 운동의 이념은 알랭 드 베노이스트와 최근에는 기욤 페이Guillaume Faye에 의해 영감을 받은, 프랑스의 신우익에서 유래했다. 이들은 '자유 좌파 엘리트'에 의한 21세기의 산물인 '문화 마르크스주의'와 '다문화주의'에 반대하며, 스스로를 "반反 68년 운동"이라고 정의했다. 그러나 공식적으로 그들에게 주된 '타인'은 문화적인 이유로 인해 그들과 대척점에 놓여 있는 이슬람교도들이다. 아이덴티타리언 운동의 중심 의제는 유럽의 '이슬람화' 주장에 반대하고, 유럽 국가들의 출산율을 올리고 정체성을 확립하는 것이다. 핵심 활동가 중의 한 사람인 마르쿠스 빌링거Markus Willinger의 말에서도 중심 의제를 찾아볼 수 있다.

우리는 메흐메드Mehmed와 무스타파Mustafa가 유럽인이 되는 것을 원하지 않습니다.

공식적으로 민족주의를 표방하고, 이들의 슬로건은 "0퍼센트 인종차별, 100퍼센트 정체성"이지만, 아이덴타리언 운동에서 생물학적·문화적이라는 개념이 무엇인지 논쟁이 벌어지면서, 그들이 이야기하는 경계는 점점 더 모호해졌다.

비록 프랑스 신우익은 순수하게 '지적인' 운동으로 남아 있지만, 덜 지적인 자들이나 특히 젊은 지지자들을 고려한다면 아이덴티타리언 운동은 동원되는 형태가 훨씬 더 다양하다. 한편, 일부 아이덴티타리언 단체들과 (전) 극우 지도자들은 크로아티아와 프랑스를 포함한 선거에서 경쟁에 뛰어들었지만, 아무런 성과가 없었다. 이 운동의 지지자들은 극단주의와 폭력에 대해서는 부인하지만, 좌익 운동가들과 그들에게 비판적인 언론인들을 위협한 혐의를 받고 있다. 또한 독일 외무청German Federal Office에 따르면, 이 단체의 활동이 "자유민주주의의 기본적인 질서에 반하는 것"이라고 여겨지기 때문에, 헌법 수호를 위하여 공식적으로 국가 기관이 이 단체를 감시하고 있다.

단기간에 매스미디어의 이목을 끄는 시위를 벌인다는 점은 아이덴티타리언만의 고유한 특징이다. 소규모 집단의 운동가들이 대중적인 공공 공간을 잠깐 점령함으로써, 이들은 언론의 상당한 관심을 불러일으켰다. 이들은 간결하고 눈에 띄는 슬로건, 전통적인 극우와는 무관한 상징, 쉽게 알아볼 수 있는 색상과 글꼴을 사용한다. 그로 인해 많은 언론인들은 이들에게 완전히 매료되어 그들을 "힙스터 파시스트hipster fascists"라고 명명하고, 불균형적이고 꽤 비논리적으로 느껴질 정도로 편파적인 보도를 일삼았다.

지금까지 이 운동에서 가장 큰 기치는 '유럽 수호'로, 아이텐티타리언 운동가들은 인권 단체들이 지중해의 난민들을 돕는 것을 방해하기 위해 크라우드소싱을 통해 17만 8천 달러 이상의 돈을 들여 대형 선박을 구입하는 일을 벌였다. 비록 이 행동은 조직을 와해시키는 계기가 되었지만, 이들의 이러한 행보는 언론의 엄청난 관심을 끌어 이들의 주된 목표를 달성했다.

THE FAR RIGHT TODAY

6장

극우의 성공을
둘러싼
여러 가지 쟁점들:
원인

극우의 성공 배경에 대한 학계와 대중의 논의는 다양한 논쟁을 수반했다. 이러한 논쟁은 서로 다른 지역과 기간에 걸쳐, 논쟁의 빈도가 낮아질 때쯤 다시 출몰했다. 특히 미국을 중심으로 도널드 트럼프의 당선에 대한 논쟁이 벌어졌지만, 이와 비슷하게 과거 1960년대 미국이나 1990년대 유럽에서 논의되었던 극우에 관한 기사나 글들이 언급되지는 않았다. 이번 논쟁에서, 특히 미국의 경우 이러한 오래된 논쟁의 상당수가 재탕된 것에 불과하다는 것을 확인할 수 있었다.

대부분의 경우, 논쟁에서 논객들의 입장은 연극 속 주인공처럼 근본적으로 완벽하게 상반되지 않는다. 실제로 몇몇 논객들의 입장은 상호 연관되어 있으며, 때로는 거의 떼어놓을 수 없을 정도로 상호 연관된다. 한편으로는 이러한 논쟁은 상호 보완적이며, 서로 다른 극

6장 극우의 성공을 둘러싼 여러 가지 쟁점들: 원인 139

우의 하위 집합으로 이루어진다.

이 장에서는 가장 두드러진 네 가지 논쟁, 즉 항의 대 지지, 경제적 불안 대 문화적 반발, 전 세계 대 지역, 그리고 지도자 대 조직에 대해 다룬다. 두 번째 절에서는 극우 정치의 수요 측면에 초점을 맞추어, 극단우익 정치는 주류정치와는 상당히 무관하지만 우익포퓰리즘은 주류정치의 급진화로 더 잘 눈에 띄게 되었음을 확인한다. 마지막으로 극우의 친구이자 숙적인 언론의 역할에 대한 논의로 이 장을 끝맺고자 한다.

극우처럼 논란의 여지가 있고 양극화가 심한 현상이 학계와 일반 대중 모두에서 오랫동안 가열찬 논쟁이 되고 있다는 것은 놀라운 일이 아니다. 이러한 논쟁의 대부분은 자연스럽고 보편적으로 일어나지만, 세부적인 면에서는 충격적일 정도로 국가적인 측면에서만 이루어진다. 그 결과, 사람들은 어떤 새로운 한 국가에서 극우 정당의 모든 돌파구를 찾게 되었어도 타국에서의 논쟁과 경험으로부터 교훈을 거의 얻지 못한 채, 극우 정당을 위한 바퀴를 다시 발명하는 헛수고를 했다. 이는 도널드 트럼프가 부상한 후 가장 고통스럽게 가시화되었으며, 이러한 논쟁은 전 세계 정치적 논쟁의 중심에 이르렀다.

▍항의 대 지지

내가 이 논쟁을 처음 접하게 된 것은 35년 전, 급진우익인 중앙당이 네덜란드의 알메러시에서 거의 10퍼센트의 표를 얻은 후였다. 그 당시 알메러시는 암스테르담의 서민과 중산층에게 도심지 범죄를 우려한 "백인 중산층의 교외 이주white flight"를 위한 마을로 공공연하게 알려져 있었다. 네덜란드는 제2차 세계대전 당시 나치에 협력했던 역사 때문에 나치 독일에 대한 강박관념이 생겼으며, 그로 인해 오래 전부터 자국을 비민족주의 국가로 못 박았다. 이러한 나라에서 중앙당의 성공은 곧 전국을 충격에 빠뜨렸으며, 정치인과 전문가들 사이에 항의 대 지지라는 논쟁을 불러일으켰다.

항의 대 지지에 대한 논쟁의 핵심 질문은, "극우 정당의 유권자들이 기성 정당에 항의하기 위해 극우 정당을 지지하는가?"다. 이 질문은 시위 유권자가 실제로 극우의 이념을 지지하지 않지만, 기성 정당의 행태와 정책에 항의하기 위해 극우 정당을 이용한다는 생각에서 출발했다. 이와는 대조적으로 지지 유권자가 실제로 극우 사상을 갖고 있으며, 자신의 이념에 가장 가깝다고 생각한 극우 정당을 선택했다는 의견도 제기된다.

극우 정당의 많은 유권자들은 기존의 정착된 정당이 매우 불만족스럽지만, 이민과 이민자들에 대해서는 이보다 훨씬 더 부정적으로 반응한다. 분명히, 다른 정당의 많은 유권자들 역시 외국인을 혐오하며, 이러한 감정은 극우 정당만이 독점하는 현상은 아니다. 하지만 반체제 및 반이민적 정서는 주류 우익 정당의 유권자보다 주류 우익 정당에 투표하지 않는 유권자에게 훨씬 더 널리 퍼져 있으며, 극우 정당들은 반체제·반이민을 지지하는 유권자의 비율이 다른 정당보다 높다. 또한, 일부 연구를 통해 이러한 정서가 다른 정당의 유권자들보다 극우 유권자들에게 더 중요하다는 결과가 도출되었다. 요컨대, 대부분의 연구를 통해 항의와 지지 논쟁의 정황상 증거가 입증되었다.

이밖에, 완전히 논리적인 제3의 입장도 있다. 즉 극우 정당의 유권자들이 기성 정당에 항의하면서 동시에 극우 정당을 지지한다는 입장이다. 결국, 누군가가 극우적인 생각을 지지할 때 그런 이념을 가진 정당만 지지하는 것으로 끝나는 게 아니라, 정반대의 이념을 가진 정당 역시 반대하는 것으로 나아간다는 것이다. 더구나 기존 정당에 항의하는 유권자들은 극우 정당이 자신이 지지하는 정책을 달성하는 모습을 보면 충분히 그들의 지지자로 변할 가능성이 높다.

이 책에서는 항의 대 지지 논쟁이 정치적으로 중립적이지 않다는 점을 주목했다. 많은 사람들이 항의를 도덕적으로 받아들일 수 있다고 주장하는 반면, 지지는 받아들이지 못한다. 1983년 네덜란드의 중앙당부터 2016년 미국의 도널드 트럼프까지, '극우 유권자'에 대한 논쟁은 주류 정치인과 전문가들의 정치적 의제를 관철하기 위한 싸움터였다. 항의 측에서는 극우 성향의 유권자를 문화적 정체성과 경제적 지위에 대해 '합법적으로 우려'하는 백인 노동자 계급의 남성으로만 축소시켰다. 이와는 대조적으로, 지지 측에서는 극우 유권자에 대한 고정관념을 자신들의 고민 해결을 위해 '다른 사람'을 희생양으로 삼는 이념적인 인종차별주의라고 주장한다. 이들의 갈등이 우리를 두 번째 핵심 논쟁으로 이끌었다.

▌경제적 불안 대 문화적 반발

간단히 말해서, 이 논쟁의 핵심 질문은 "사람들이 경제적인 이유 또는 문화적인 이유 둘 중 어느 것 때문에 극우 정당에 투표하는가?"다. 경제적 불안 측은 극우 유권자들이 '신자유주의 세계화neoliberal globalization'로 인한 경제적 스트레스에 최우선으로 대응하기 위해 극우를 지지한다는 입장이다. 객관적으로 가난하다고 느끼든, 단순히 주관적으로 가난하다고 느끼든 간에, 가난이라는 고정관념에 사로잡힌 극우 유권자들은 절대적 박탈감이나 상대적 박탈감으로 인해 항의하는 "세계화의 손실자들"이다. 반면 문화적 반발 측은 이러한 극우 유권자들이 주로 신자유주의 세계화의 또 다른 측면, 즉 대량 이민과 다문화사회의 부상에 항의하고 있으며, 그로 인해 그들의 문화적 정체성을 위협받는다고 느끼기 때문에 극우 정당에 투표한다는 입장이다.

특히 문화적 반발의 지지자들의 경우 그들의 입장을 배제하기 보다는 두 입장이 공통점을 많이 갖고 있으며, 현상의 근본적인 원인인 신자유주의 세계화에 대해서 항의하기 위해 극우에 투표하는 것이라고 보는 것이 더 타당하다. 수십 년간의 학술적 연구는 경제적 불안보다 문화적 반발이 훨씬 더 중요하다는 것을 보여주었고, 최근 트럼프의 유권자에 관한 연구는 이 점을 다시 한번 확인시켜주었다. 한마디로, 경제적 불안만으로 투표하는 극우 유권자는 거의 없지만 문화적 반발로 인해 투표하는 유권자는 적지 않다.

그러나 그 둘의 관계는 반대라기보다 훨씬 더 상호 보완적이다. 극우 정치에 대한 대부분의 지지를 설명하는 것은·사회경제적 불안을 사회문화적으로 번역한 것이나 다름없다. 정치적·대중적 논쟁(예컨대, "이민자들이 당신의 직업과 혜택을 빼앗아간다"와 같은)에서 이민 배척주의적인 소문에 의해 많은 극우 유권자들은 이민을 그들 개인이나 그들이 거주하는 지역이나 주가 안고 있는 경제적 문제와 결부시킨다. 결과적으로, 그들은 이민을 제한하거나 이민자들을 자국에 동화시키는 것이 그들의 경제적 곤경을 개선할 방법이라고 믿는다. 이것은 복지 국수주의welfare chauvinism, 즉 대부분의 극우 정당과 유권자들 모두에게 주요한 쟁점인 '자신의 국민'에게만 복지를 지원하는 국가에 대한 지지로 가장 분명하게 표현된다.

▎ 전 세계 대 지역

세 번째 논쟁은 다시 이전의 논쟁들과 연결되지만, 주로 그 현상이 전 세계적인 것인지 아니면 국지적인 것인지에 초점을 맞췄다. 극우를 지지하는 것에 대해 어떤 사람들은 가장 극단적인 용어로 설명하기도 하고, 어떤 사람들은 주로 일반적인 용어로 설명하기도 하고, 또 다른 사람들은 극우 단체가 각각 개별적이고 독특한 용어로 설명되어야 한다고 말하는 등 가지각색이다. 폭넓게 따져보면, 극우가 전 세계적이라는 주장은 경제적 불안과 문화적 반발과 같은 극우 정치의 수요 측면을 우선시하고, 극우가 지역적이라는 주장은 카리스마 있는 지도자와 정당 조직과 같은 공급 측면을 강조한다(아래 참조).

　극우가 전 세계적이라는 주장 중 가장 유명한 논지는 신자유주의적 세계화일 것이다. 이것은 가장 최근의 현대화된 이론으로, 세계화로 인해 승자와 패자가 나뉘었고, 후자인 극우 정당에 대한 투표는 그들이 세계화를 주도한 승자인 기성 정당에 대해 항의하고 처벌하는 것이라고 본다. 또한, 투표를 통해 세계화(이민 포함)를 반대하고 "우리나라를 되찾자"라는 입장을 표명한 것이다. 아니나 다를까, 전 세계적이라는 주장들은 대부분 극우 정당의 성공을 설명하려는 사람들에 의해 이용되고 있으며, 최근에는 "포퓰리즘의 부상"이라는 용어로 더 널리 언급된다. 그래서 세계화되었지만 자국에 성공적인 극우 정당이 없는 일부 국가들(예컨대, 아일랜드나 일본 등)의 경우는 무시되었다.

반면 지역적이라는 주장은 선거제도나 법적 틀과 같은 극우 단체가 활동하는 이른바 '정치기회구조POS(Political Opportunity Structure)'에 초점을 맞췄다. 그리고 이들은 주류 우익과 극우 모두의 행태를 포함하여 극우 정치의 공급 측면도 강조한다. 예를 들어, 학자들은 극우 정당이 전후에는 성공할 수 없다는 데 오랫동안 동의해왔다. 그러나 최근 황금새벽당이나 국민정당-우리의슬로바키아 같은 신나치 정당들의 선거 성공은 이들의 의견이 사실이 아니라는 것을 증명했다. 마찬가지로 다수결주의인 선거제도가 극우 정치에 효과적인 장벽이라는 생각은, 최근 보우소나루와 트럼프의 당선으로 약화되었다.

또한, 세계적이라는 주장은 극우 정치가 특정 기간·지역에서 수용적인 청중을 어떻게 찾아냈는지를 설명하는 데도 도움이 된다. 그러나 극우 정치의 성공은 무엇보다도 정치적 공급의 결과로서, 특히 극우 지도자들과 조직들 자체에서 가장 두드러진다. 극우 운동가들은 실업률과 이민 수준이 높을 때 이것을 국가 정체성이나 국가에 대한 위협으로 인식하고, 이러한 위협이 '외국인'에 의해 유발된다고 주장하여 이익을 얻는다. 공교롭게도 이 작업을 수행하는 것은 극우 운동가들이 아니라 타블로이드판 언론과 기회주의적인 주류 정치인인 경우가 꽤 많다. 사실, 그들은 급진우익의 주장에 대한 지지와 급진우익에 대한 반대를 하나로 모은다. 이러한 측면은 독일의《빌트 신문*Bild Zeitung*》이나 영국의《더 선*The Sun*》과 같은 언론에서 찾아볼 수 있다.

결국, 주류 언론과 주류 정치는 자신들의 문제를 의제의 맨 위에 올려놓고 자기들 방식대로 변형했고, 이것은 극우 단체가 이용할 수 있는 비옥한 번식지를 만들어준 것이나 다름없다(제7장 참조). 현재 우리는 교육이나 의료에 대한 문제보다는 이민 문제를 더 중점에 놓고, 이를 "문제"나 "위협"이라고 말한다. 이러한 인식은 극우 단체를 정당화할 뿐 아니라, 마치 그들이 수년 동안 이 문제를 다뤄왔고 그들의 프로그램 대부분이 이 문제를 정확하게 다루고 있는 것처럼 느끼게 하여 마치 해결사처럼 보이게 만들었다.

주류 정당들이 취사선택에 의해서든 단순히 무능을 통해서든 간에, 범죄와 이민과 같은 쟁점을 제대로 해결하지 못한다면 극우 정당들은 상대적으로 유권자들에게 매력적인 대안으로 다가갈 것이다. 만약 극우 정당들이 내분을 일으키는 소규모의 훌리건 집단보다 상대적으로 전문적인 지도자, 조직, 선전을 제공할 수 있다면 그들은 이러한 문제에 가장 많은 관심을 가진 유권자들에게 매력적인 대안으로 비춰질 것이다.

▎지도자 대 조직

네 번째 쟁점은 극우 정치의 내부 공급 측면, 즉 극우가 잠재적 지지자들에게 무엇을 제공하는지로 초점을 옮겼다. 극우에 대한 논의에서는 전통적으로 '지도자'의 비중이 큰데, 이는 현대의 극우가 여전히 20세기 파시즘의 21세기 버전으로 인식되고 있다는 사실의 결과물이나 다름없다. 파시즘에서는 당·국민·국가는 '지도자 원리 Führerprinzip'에 따라 지도자에게 복종해야 한다고 강조하며, 파시즘에 관한 많은 문헌은 카리스마적인 지도자의 독점적인 지지를 설명했다. 뛰어난 인간인 지도자는, 헌신적인 추종자에게 종교에 가까운 지지를 명령하고, 추종자는 이를 따른다.

이는 정치 단체, 특히 정당들이 주요 정치 행위자로 주목받는 전후 민주정치에 대한 주류의 이해와 크게 상반된다. 민주정치를 지배하는 것은 개인이 아니라 조직이다. 그렇다고 해서 앙겔라 메르켈이나 쥐스탱 트뤼도Justin Trudeau 같은 개별 지도자들이 큰 역할을 하지 않는 것은 아니지만, 제도적인 정치적 맥락, 특히 그들이 속한 정당이라는 비교적 엄격한 제약 안에서만 역할을 수행한다.

극우의 지도자들은 장 마리 르펜과 외르크 하이더와 같은 급진우익과 미하엘 쿠넨이나 이안 스튜어트 도널드슨 같은 극단우익을 통틀어 언론에 많이 알려진 편이었다. 그러나 이 지도자들은 적어도 그들의 조직을 의인화하여 좀더 추상적인 정치적 이념과 조직에 지도자의 사적인 이야기를 덧붙이는 식으로 언론과 인터뷰를 가졌다. 모든 언론의 관심은 'L(Le Pen) 효과'나 '지도자정당Führerparteien'과 같이 지도자에만 쏠리지만, 보통 대부분의 정당은 지도자보다 정당이 우위에 있다.

연구에 따르면 지도자들은 새로운 지지자들을 끌어모을 수 있지만, 그들은 대부분 조직을 떠나거나 혹은 조직에 남는다. 만약 두 사람(지도자, 지지자)이 다른 길을 간다면, 대다수의 지지자들은 지도자보다 조직에 더 충성심을 유지하는 것으로 밝혀졌다. 이는 2005년 오스트리아자유당의 카리스마 있는 지도자로 알려진 외르크 하이더가 '그의' 정당에서 나오기로 결정했을 때 가장 잘 드러났다. 대다수의 유권자들은 지도자보다 당을 선택했다. 이듬해 총선에서 자유당은 11퍼센트의 득표율을 기록했고, 하이더가 새롭게 창당한 오스트리아미래동맹Future of Austria은 4퍼센트에 그쳤다.

개별 지도자들은 스킨헤드 그룹이나 신나치동지애Kameradschaften와 같은 많은 극우 단체에서 더 지배력을 발휘한다. 여기서 공식적 조직은 영향력이 미미하며, 집단은 개인의 총합 이상을 넘지 못한다. 특히 지역 단체들은 주로 소수의 남성이나 여성 지도자의 활약과 카리스마에 기반을 둔다. 때때로 이것은 고통스러울 정도로 분명하게 드러난다. 예를 들어, 지도자가 다른 지역으로 이동하여 기존의 조직이 사라지지만, 지도자가 이동한 새로운 지역에 그가 세운 새로운 조직이 출현한다. 그럼에도, 지역적으로 기반을 두지 않은 소규모 집단에서 지도자들은 훨씬 덜 지배력을 발휘한다. 지지자들은 지도자가 조직에 있을 때도 이동하지만, 지지자들은 지도자가 이동해도 조직에 계속 남았다. 결국, 소규모 집단의 극우 운동가들은 카리스마 있는 지도자나 아버지의 대리인이 아닌 자극적인 이념을 바탕으로 공동체 정신과 동지애를 형성한다.

┃ 그들은 어떻게 영역을 확장시켰는가

전후 극우의 세 번째 물결에서 연구자들은 대부분 극우 정치에 대한 요구가 거의 없었다고 가정했다. 이러한 사실은 암묵적·명시적으로 든 간에 파시즘의 역사와 제2차 세계대전의 파괴와 연결되었다. 전후 극우에 관한 학문적 연구의 상당 부분은 이러한 가정에 기초하고 있었는데, 1967년 두 명의 독일 사회과학자들이 일명 '정상적 병리학 이론normal pathology thesis'을 발표했다.[18] 이 논문은 다소 모호하기는 하지만 후대에 영향력을 미쳤다. 그 글에서는 서구의 민주주의 국가들 중 극히 일부만이 정상적인 조건에서 극우 사상을 지지하며, 극우 사상의 지지는 국가가 위기일 때만 극적으로 증가한다고 보았다. 그리고 인구의 5~10퍼센트는 정치적 주류와 이념적으로 연결되어

---

18 E.K. Scheuch and H.D. Klingemann, "Theorie des Rechtsradikalismus in westlichen Industriegesellschaften," *Hamburger Jahrbuch für Wirtschafts- und Gesellschaftspolitik*, 12(1967), pp. 11~29.

있지 않은 사람들이 상대적으로 안정적·지속적으로 극우를 지지하며, 이것을 이른바 '정상적 병리학'이라고 정의했다.

적어도 1990년대 초까지만 해도 서유럽과 북미 전역의 극우 정당과 정치인에 대한 집단적인 지지가 부족해, 이들의 '정상적 병리학' 이론은 타당한 듯했다. 이는 극우 정치가 이른바 수요 쪽에 거의 배타적일 정도로 초점을 맞추는 계기가 되었다. 이 시기 학문적·대중적 논쟁을 이끈 주된 질문은 "누가 극우를 지지하겠는가?"였다. 그러나 1990년대 후반 일부 유럽 국가에서 우익포퓰리즘 정당들이 상당한 선거 지원을 받기 시작하면서 이 논문의 한계가 보이기 시작했다. 초점이 극우 정치의 공급 쪽으로 더 옮겨졌고, "어떤 종류의 극우 정당이 성공했는가?"라는 새로운 연구 질문이 등장했다.

간단히 말해, 극우 세력은 사실 정치적 주류와는 관련이 없는 정상적인 병리학이지만, 우익포퓰리즘은 병리학적 정상, 즉 정치적 주류 우익의 급진화로 부상했다.[19] 극단우익이 주장하는 반민주적·반사회적·인종차별적 사상은 한 줌의 지지자밖에 없다. 그들은 단지 주류 밖에 있는 것이 아니라, 대부분의 국가에서, 대다수의 인구에게 거부당했다. 더욱이 많은 나라에서 파시즘은 악으로 정의되는데, 이는 파시즘과 관련된 어떤 집단이나 이념도 자신과 연관되기는커녕

---

19 "병리학적 정상상태pathological normalcy"에 대한 더 자세한 내용은 다음을 참고하라. C. Mudde, "The Populist Radical Right: A Pathological Normalcy," *West European Politics*, 33(6), 2010, pp. 1167-87.

용납할 수조차 없는 것으로 간주됨을 의미한다.

결과적으로, 최근 그리스와 슬로바키아와 같은 일부 유럽 국가에서 극우가 성공한 것은 제2차 세계대전의 기억이 희미해지면서 이러한 인식이 변하고 있음을 나타내는 것처럼 보이지만, 실상 극우 정당들은 거의 선거에서 성공하지 못했다. 동시에, 대부분의 신파시스트 집단은 인구 수가 가장 적은 집단부터 공략했다. 이들은 대부분 저학력인 젊은 남성들로, 극우의 아웃사이더이자 폭력적인 이미지에 이끌렸다.

이와는 대조적으로, 전부는 아니더라도 대부분의 나라에서는 우익포퓰리즘 사상과 조직을 위한 비옥한 번식지가 조성되었다. 여기에는 이민 배척주의, 권위주의, 포퓰리즘적 태도가 널리 퍼져 있으며, 전체 인구 중 복수나 과반수 이상의 사람들이 다문화에 반대하고, 이민 감소, 형량 강화, 정치인에 대한 특권 감소와 같은 주요 우익포퓰리즘 정책에 지지를 표명한다. 이것은 우익포퓰리즘의 가치가 주류적 가치와 동일하거나 대다수 국민이 공유하고 있다는 뜻은 아니다. 오히려 급진우익은 정치적 주류의 급진화에 가까운데, 그 프로그램이 약간 더 온건한 형태로 바뀌어 다수의 인구에게 지지를 받고 있다고 보는 것이 타당하다. 그리고 제4의 물결에서, 이들은 정치적 주류로 영역을 확장했다(다음 장 참조).

우익포퓰리즘의 지지층은 인구의 특정 부분 집단, 즉 대다수의 '민족' 또는 '인종' 집단 중에서 저학력 노동자 계급에 속한 남성들이다. 그러나 포스트 산업 혁명과 대량 이민으로 인해 이들 집단은 대부분의 서구 민주주의 국가에서 전체 인구 중 소수로 전락했다. 동시에, 이러한 소수 집단뿐 아니라 젊은 세대들도 훨씬 더 많이 다양성을 포용하고 있으며, 이는 향후 극우가 지지자를 동원하는 데 문제가 될 수 있었다. 그러나 대부분의 우익포퓰리즘 정당들은 잠재적 유권자 중의 일부를 포섭하는 데 성공했다. 그 이유는 정치의 공급 측면, 즉 우익포퓰리즘 정당이 지지자를 동원하는 정치적 맥락과 그들이 제공하는 생산물과 관련된다. 그리고 이 모든 것은 겉보기에는 전능해보이는 언론의 맥락 안에서 이뤄졌다.

▌극우의 우군 또는 적, 언론

언론은 극우의 우군이자 적이라는 양면성이 있다. 이것은 부분적으로는 언론의 모호성과 이질성으로 설명된다. 언론은 개인과 기관을 광범위하게 수용한다는 점에서 온갖 목표와 이념을 공유한다. 물론 《폭스 뉴스》와 《뉴욕 타임스》가 이익을 내는 것 외에는 많은 목표를 공유하지 않는 점은 차치하고, 언론은 대부분의 매스컴에서 극우 성향에 모호한 태도를 취하고 있으며, 이에 대한 해명을 중요한 목표로 삼았다.

한편, 대부분의 언론은 극우를 지지하지는 않고, 극우를 민주주의에 대한 위협으로 생각지만, 그들은 극우가 잘 팔린다는 것을 눈치챘다. 나치 문신을 한 스킨헤드 그룹의 사진이나 비디오는 대중의 관심을 끌기에 너무 좋은 상품이다. 편집자들은 그것이 수익을 의미하는 '이목'을 끌어들인다는 것을 알고 있으며, 따라서 언론에서는 판

매를 위한 이야기를 꾸며낸다. 이 이야기는 '뉴스 보도가 가능한' 것이어야 하기 때문에, 종종 그들은 극우의 중요성을 부풀린다. 이로써 고립되고 소외되었으며, 규모도 크지 않은 신나치주의 단체가 사회 현상의 심각한 '증상'으로 부각된다.

동시에, 자이르 보우소나루와 나이절 패라지, 도널드 트럼프 같은 평범한 극우 정치인들은 그들이 (아직) 투표에서 지지를 많이 받지 못하던 시절에도 끊임없이 언론과의 인터뷰를 가졌다. 언론들은 그들이 스펙터클한 기삿거리를 제공한다는 것을 알고 있기 때문이다. 극우 정치인들의 폭로를 정당화하기 위해, 언론인들은 종종 지나치게 그들에게 비판적으로 굴기도 하고, 심지어 "그들이 책임을 져야 한다고" 주장하면서 날카롭게도 굴었다. 그러나 이러한 언론과 극우 정치인들의 첨예한 대립은 구독자와 시청자가 그들의 생각을 접하게 되는 것으로 끝나지 않고, 일부에게는 '오만한 엘리트'에게 부당하게 공격을 받는 '약세 후보'인 극우 정치인에 동조하는 효과를 야기했다.

제4의 물결은 특히 언론에서 볼 수 있는 극우의 주류화와 보편화가 대표적인 특징이다. 점점 더 많은 주류 언론들이 급진우익의 의제를 밀어붙일 뿐 아니라, 급진우익 정치인과 정당에 대해 점점 더 개방적으로 지지 의사를 밝힌다.

2013~2018년에 영국의《데일리 익스프레스*British Daily Express*》는 영국독립당의 비공식 신문이었고,《폭스 뉴스》는 2017년 1월 트럼프가 집권한 이후 그의 치어리더 역할을 주로 해왔다. 심지어 '고품

격' 언론조차도 극우에 동조하는 기사를 보도하고, 소프트볼 인터뷰에 극우 인사들을 칼럼니스트와 기명 논평 작가로 고용함으로써, 우익포퓰리즘과 이슬람 혐오를 드러낸 정치인들을 주류화시키는 큰 변화를 가져왔다. 네덜란드의《엘스비어 *Elsevier*》나 영국의《더 스펙테이터 *The Spectator*》처럼 보수적인 매체에서도 가장 두드러지지만, 네덜란드의《드 볼크스크란트 *De Volkskrant*》나 미국의《뉴욕 타임스》와 같은 진보적인 매체에서도 쉽게 찾아볼 수 있다. 가장 극단적인 예는 《월스트리트 저널》의 의견 페이지에서 찾아볼 수 있다. 이 페이지에서는 (네덜란드의 헤이르트 빌더르스와 같은) 극우 정치인들을 다루는 기사를 정기적으로 발행하고, 2018년 대선에서 보우소나루를 공식적으로 지지하는 기사를 지면에 실었다.

언론이 정치에 과연 얼마나 영향력을 행사하느냐에 대한 논란이 끊이지 않는다. 수십 년의 연구를 통해 대부분의 사람들은 뉴스를 거의 믿지 않으며, 쉽게 흔들리지 않는다는 결과가 나왔다. 간단히 말해서, 언론 보도는 다뤄지는 쟁점의 경중을 그렇게 많이 바꾸지는 않지만, 유권자들이 중요하게 여기는 쟁점이 무엇인지를 결정하는 데 기여한다.

언론은 극우의 목소리뿐 아니라 그들의 프레임과 쟁점을 채택함으로써 우익포퓰리즘을 점점 더 지지하는 데 앞장섰다. 예를 들어, 언론이 교육, 주택, 복지라는 의제 대신 범죄, 부패, 이민, 테러와 같은 문제에만 거의 독점적으로 초점을 맞춰 보도하면 우익포퓰리즘의 정책과 정당들은 간접적으로 이러한 문제와 더 관련성이 높아진다. 일례로 2017년 독일 연방의회 선거에서 독일을위한대안은 투표에서 다시 반등했는데, 그 이유는 주류 언론이 텔레비전 보도를 통해 독일 기독교민주연합Christian Democrat의 지도자인 앙겔라 메르켈과 오스트리아의 사회 민주당의 지도자인 만프레드 슐츠Manfred Schulz가 터키, 테러와 자국의 안보, 이슬람을 놓고 TV 토론을 진행한 것에 독점적으로 초점을 맞춰 보도했기 때문이다.

그러나 언론에서의 주류화 역시 우익포퓰리즘의 선거 지원에 타격을 가할 수 있다. '우익포퓰리즘적 쟁점'이 대중적인 의제를 지배하고, 언론들이 그들의 프레임을 '상식'으로 제시함에 따라, 주류 정당들은 약간 더 온건한 형태로라도 우익포퓰리즘의 입장을 채택하기 시작한다. 이는 유권자들을 극우로 이탈하는 것을 막거나 일부 급진우익 유권자들이 주류 우익으로 이동(또는 복귀)하지 못하게 막는다.

여기서 필수적인 것은 우익포퓰리즘이 이 문제를 독점적으로 소유하고 있느냐는 것이다. 일명 '쟁점 소유권'이란 유권자들이 특정한 쟁점을 특정 정당과 연관 짓는 것을 의미한다. 만약 우익포퓰리즘이 유럽 통합이나 이민에 반대하는 쟁점 소유권이 있다고 여겨진다면, 이러한 문제에 대한 관심의 증가는 그들에게 이익으로 작용한다. 만약 유권자들이 그렇게 생각하지 않으면 다른 이들이 이익을 얻게 될 것이다.

전후 극우의 제4의 물결은 소셜미디어의 부상과도 일치하는데, 이것을 두고 우리는 "소셜미디어가 세상을 변화시켰"다고 표현한다. 아랍의 봄Arab Spring(2010년 말 튀니지에서 젊은이들이 집권세력의 부패와 빈부 격차, 청년 실업의 해결을 요구하면서 일으킨 반정부 시위-옮긴이 주]부터 트럼프의 대통령 선거 승리에 이르기까지 현대에 일어난 큰 정치적 사건은 소셜미디어 없이 일어나지 않는다. 사실 트럼프가 대통령에 당선된 것은 소셜미디어가 실제로 어떻게 변화를 이끌어내는지 보여주는 좋은 예다. 그의 경이로운 트위터 팔로잉 수 덕분에 사람들은 그의 메시지를 쉽게 접할 수 있었고, 트럼프가 3대 국영 TV 채널 가운데 하나인 '어프렌티스The Apprentice' 리얼리티 쇼에 출연한 덕분에 그의 사회적 메시지들이 CNN과《뉴욕 타임스》를 포함한 전통적인 미디어에 의해 일반 미국인들의 거실로 전파되었다. 그 결과, 그는 추종자들을 얻을 수 있었다.

소셜미디어는 극우 세력에 중요한 역할을 한다. 소셜미디어가 전통적인 언론의 게이트 키퍼를 우회하고 공개적인 논쟁으로 나아가는 기회를 제공하기 때문이다. 많은 극우 정당들과 정치인들은 소셜미디어의 파괴적인 전파력을 인식했다. 그렇기에 그들은 특정한 매스컴과 기술에 통달하거나 심지어 개척하기까지 했다. 예를 들어, FPÖ의 하인츠-크리스티안 슈트라헤는 다른 오스트리아의 정치인보다 페이스북을 훨씬 효과적으로 사용했으며, PVV의 헤이르트 빌더르스와 League의 마테오 살비니가 트위터에서 초기에 높은 효과를 거두었다. 이탈리아 신파시스트운동Casa Bound Italia와 아이덴티타리언운동과 같은 소규모 극우 단체들은 소셜미디어에서 불균형적이지만 유의미한 효과를 거두었으며, 의심할 여지없이 이러한 결과는 그들의 지도자들 중 몇몇이 광고·통신 분야에서 일하거나 또는 일했던 경험에서 비롯되었다.

그러나 소셜미디어의 도달 범위는 주류 미디어에 의한 증폭 없이 대부분 쉽게 바뀌거나 단순한 호기심에만 한정된다. 많은 언론인들이 트위터에서 상주해 있고, 몇몇 기자들은 그들의 타임라인을 현실세계를 대표하는 표본으로 착각하기까지 한다. 반면, 마테오 살비니에서 리처드 스펜서에 이르기까지, 극우 소셜미디어 운영에 정통한 지도자들은 그들의 추종자들의 수보다 훨씬 더 많은 청중에게 도달하는 방법으로 소셜미디어를 이용했다.

소셜미디어는 하위문화에 가장 큰 역할을 하는데, 그중 일부는 거의 독점적으로 인터넷에만 존재한다. 여기서 가장 중요한 것은 미국에 주로 기반을 두고 있지만 광범위한 국제적 추종과 영향을 미치는 '대안우파(극단우익)'와 '대체우파(급진우익)'다. 인터넷은 고립된 개인들이 서로 관여하고, 더 큰 움직임의 일부를 느낄 수 있게 하는데, 그들은 자신의 생각과 동질적인 소셜미디어에서 익명으로 활동하면서 그들의 극우적인 생각에 대해 필터링을 거치지 않는다. 게다가 이러한 소셜미디어들은 또한 반향실echo chambers의 기능도 하는데, 이는 메시지의 도달 범위와 강도를 증폭시켜 새로운 추종자들을 끌어들이고 기존의 추종자들을 좀더 급진적으로 변화시킨다.

결국 언론과 극우와의 관계는 복잡한 변화를 거쳤다고 봐야 한다. 언론은 항상 극우의 적이면서 동시에 우군이었다. 그러나 제3의 물결 동안 거의 이렇다 할 언론기관들이 극우에 동조하지 않았던 반면, 현재는 몇몇 주요 우익 매스컴들이 언론과 밀접한 관계를 맺었다. 그중에서도 특히《폭스 뉴스》와 트럼프 대통령의 관계는 끈끈하다. 더구나 극우 세력은 진보 성향의 신문을 비롯한 많은 다른 언론에서도 보편적으로 다루어지기 시작했다. 여기에는 소셜미디어가 큰 역할을 했다. 언론의 전통적인 게이트 키퍼로서의 기능은 더욱 약화되었으며, 규모가 크고 성공적인 우익포퓰리즘 정당보다는 더 작고 한계점이 뚜렷한 극단적(또는 '대안') 우익 집단과 하위 문화에서 소셜미디어의 역할은 더욱 중요해졌다.

THE FAR RIGHT TODAY

7장

확장하는
극우의 세계:
결과

2012년 '서유럽의 30년 동안 창당된 우익포퓰리즘 정당들: 이들은 무엇인가?'라는 제목의 강의에서, 나는 우익포퓰리즘이 서유럽의 자유민주주의에 대한 "상대적으로 사소한 방해물"에 불과하며, 주요 현안은 아직도 정치적 주류에서만 논의된다고 결론지었다. 더욱이 나는 우익포퓰리즘 정당PRRPs이 서유럽 정치의 주요 주역이 될 가능성은 희박하며, 이것이 정치체제의 근본적인 변혁으로 이어질 가능성은 낮다고 생각했다.[20] 물론 나는 이 결론이 대체로 유지되고 있다고 믿지만, 극우의 정치적 주류화 정도가 얼마나 심각해질지는 예

---

20 C. Mudde, "Three Decades of Populist Radical Right Parties in Western Europe: So What?," *European Journal of Political Research*, 52(1), 2013, pp. 1-19 (p. 1).

측하지 못했다. 여기서 말하는 정도란, 우익포퓰리즘의 일부 또는 '정치적 주류'의 일부가 완전히 우익포퓰리즘으로 변화한 것을 말한다.

▌정치적 맥락과 권력의 문제

극우 정치의 결과는 극우 세력의 힘(즉, 그 자체가 정부인지, 비우익세력들과 연립하는지, 아니면 야당인지)뿐 아니라 그것이 운영되는 정치적 맥락에 따라 다르게 나타난다. 영국이나 미국처럼 자유민주주의의 기반이 굳건한 국가들은 극우와 상반되기 때문에 오히려 가장 크게 영향을 받을 수 있으며, 극우에 더 탄력 있게 대응할 수도 있다.

이와는 대조적으로, 브라질·인도·이스라엘처럼 자유민주주의의 기반이 약한 국가들은 상대적으로 영향은 적게 받겠지만, 오히려 더 빠르게 극우로 변화할 가능성도 있다. 대부분의 극우 단체들은 직접적이라기보다는 주로 간접적인 영향을 미친다. 즉, 그들은 목표를 달성하기 위해 주류 언론과 정치를 이용한다.

▌자유민주주의에 도전하는 극우 정부

21세기 초까지만 해도 극우는 스페인의 프랑코Franco나 칠레의 피노체트Pinochet와 같은 비민주적인 민주주의 국가에서만 정권을 잡거나, 바이마르 독일이나 탈공산주의 노선을 걸었던 크로아티아와 같이 민주주의가 시작된 지 얼마 되지 않은 국가에서만 권력을 행사했다. 지금은 브라질, 헝가리, 폴란드와 같은 자유민주주의의 기반이

약한 국가에서 우익포퓰리즘 지도자와 정당이 점점 더 많이 집권 세력으로 자리매김했다. 그러나 이들 정당의 우익포퓰리즘은 대부분 주류 우익 정당에서 출발했기에, 이것이 학계와 사회에서 논란거리가 되었다.

자유민주주의 체제에서 우익포퓰리즘 정당이 집권하면, 비민주적인 방향으로 나라를 움직인다. 즉 법원과 언론의 독립성을 훼손하고, 소수의 권리를 침해하며, 삼권분립을 약화시킨다. 이러한 집권과 통제의 수준은 주로 우익포퓰리즘 정당의 힘과 정치체제의 복잡성에 달렸다. 예를 들어, 극우가 헌법적 다수를 차지하고 비교적 단순한 정치체제를 가진 헝가리의 피데스는 "비자유민주주의 국가"를 수립하는 데 거의 반대가 없었다(더 읽어보기 4 참조). 반대로 폴란드의 법과정의는 헌법적 다수를 차지하지 못했으며, 헝가리보다 좀더 복잡한 정치체제에서 운영되고 있어 상대적으로 덜 지배력을 발휘한다.

그러나 비민주주의적인 우익포퓰리즘 정당들이 지배하려고 하는 것은 어느 한 민족 집단의 지배가 구조적으로 인정되는 명목상의 민주주의 체제인 민족-민주정치ethnocracy다. 가장 극단적인 형태의 민족-민주정치는 모든 '외국인'을 추방하는 것을 의미하며, 일부 극우 단체들만이 공개적으로 이것을 지지한다.

국민전선은 1991년 50포인트 프로그램Fifty-Point Program에서 그들이 주장하는 민족-민주정치의 청사진을 제시했는데, 이것은 플람스연합의 리더인 필립 드윈터Filip Dewinter가 1년 후 70포인트 프로그램에서 상세히 설명했다. 여기에는 프랑스 '원주민'에 대한 '국민의 선호'와 '외국인'과 분리된 복지국가에 대한 '국가의 선호', 그리고 이슬람과 이슬람교도의 종교적 권리에 대한 거부가 담겨 있었다. 한마디로, 이민자와 프랑스 시민 중 '비원주민'을 이류 국민으로 취급하는 다민족multi-ethnic 프랑스를 만들겠다는 야심을 드러냈다.

민족–민주주의의 가장 악명 높은 사례는 의심할 여지 없이 아파르트헤이트 정책을 펼쳤던 남아공이었다. 이 정책의 시행으로 남아공은 전 세계 극우의 큰 지지를 받았지만, 결국 정권의 몰락으로 끝났다. 최근의 사례로는 2018년 7월, 이스라엘이 급진우익 정당들의 연합이 지배하는 의회가 "국가는 유대인들의 집"으로 간주하는 국가법을 통과시키면서, 이스라엘은 공식적으로 자국을 민족주의 국가로 선포한 나라가 되었다. 한편 인도에서는 인도인민당이 지배하는 국민민주동맹National Democratic Alliance 정부가 극단적인 힌두주의자들의 압력과 이미 수많은 국가에서 인도를 힌두교 국가로 보고 있음에도 지금까지도 인도를 공식적으로 힌두교 국가로 선포하지 않았다.

극우 정부의 비민주적인 압력은 정책뿐 아니라 그 안에 있는 모든 것과 모든 사람을 변화시킨다. 다른 정당들은 당근과 채찍 둘 중 어느 것을 줄지 결정하는 정부와의 협치할 것인지, 반대를 할 것인지 선택할 수밖에 없다. 협력하는 정당들은 인도인민당이 장악하고 있는 국민민주동맹의 다양한 지역 정당들처럼 조직에 흡수될 위험을 감수하는 데 그치겠지만, 극우 정부를 반대하는 정당들은 국가적인 압력과 억압에 직면한다.

가장 주목할 만한 변화 중 하나는 헝가리에서 찾아볼 수 있다. 원래 극우 정당이었던 더나은헝가리를위한운동은 피데스의 급진적인 우경화로 인해 주류 우익 정당으로 다시 당의 이념을 바꾸었다.

▎연립정부를 결성하는 극우 연합

극우 세력이 단독으로 집권하는 경우는 드물지만, 우익포퓰리즘은 점점 더 연립정부를 결성했다. 인도나 이스라엘과 같은 나라는 우익 포퓰리즘 정당이 극우 연합을 지배하고 있는데, 이스라엘에서는 급진우익 정당인 리쿠드Likud party가 오랫동안 다른 급진우익 정당과의 함께 연합을 장악했다. 어느 정도는 트럼프 행정부 역시 급진우익과 주류 우익 모두를 포함하고 있고 의회에서 분열된 공화당의 지지에 의존하고 있다는 점에서, 급진우익 중심의 연합이라고 볼 수 있다. 마찬가지로, 브라질의 보우소나루 대통령은 그의 사회자유당Social Liberal Party이 양원에서 소수 의석만을 차지하고 있기 때문에 의회의 과반수를 얻지 못한 채 국가를 통치하고 있다.

　대부분의 경우 급진우익이 연정의 하위 협력자에 불과한 반면, 고위 협력자는 총리를 선출하기도 하고, 정부를 장악하기도 한다. 여기서 말하는 고위 협력자는 우익인 오스트리아국민당Austrian People's Party이나 좌익인 불가리아사회당Bulgarian Socialist Party 같은 기성 자유민주당인 경우가 많다. 고위 협력자들은 포르차이탈리아Forza Italia나 이탈리아의 오성운동Five Star Movement처럼 극우 정당이 아닌 포퓰리즘 신흥 정당과 관계를 맺기도 한다. 일반적으로 연립정부는 주로 기성 당의 정책과 우선순위를 반영하며, 이는 우익포퓰리즘 정당과의 연정에서도 예외가 아니다.

그렇긴 하지만, 고위 협력자는 정부 구성을 앞두고 종종 하위 협력자 편으로 더 많이 움직이기도 한다. 이는 '그들'의 정책과 우선순위가 부분적으로는 우익포퓰리즘의 정책을 반영했음을 의미한다. 이 연정은 정당 간 타협이 이루어져야 하고 심지어 중진인 고위 협력자조차도 다른 권력자들의 권력 분담과 그들의 정밀한 조사를 받아들여야 한다. 궁극적으로, 이러한 연정은 비민주적이고 특히 이민 배척적이다. 그러나 좀 더 급진적인 정책들의 대부분은 국가나 의회, 때로는 연방이나 지방 차원에서 완화되거나 또는 법원에 의해 격추된다. 논란이 되고 있는 트럼프 대통령의 '무슬림 금지'나 '부정 선거 위원회'와 관련해 무소속 판사들뿐 아니라 의회 공화당원들의 심각한 반발을 경험한 미국에서도 이러한 저지책을 찾아볼 수 있다.

우익포퓰리즘 정당이 소수 여당 정부의 지지 정당이었던 경우도 있다. 이는 국회에서 다수당으로서 지지를 제공하기로 정부 당국과 합의한 것이다. 그 대가로 그들은 정책적으로 양보를 받거나 중요한 위원회의 의장직을 부여받는 등 의회에서 유리한 지위를 획득한다. 때로는 국민의 지지를 받고 있는 극우 정당들이 공식적인 연정보다 영향력이 클 때도 있다. 가장 좋은 예는 덴마크의 우익 소수 정부(2001~2011, 2016~2019)를 지원한 덴마크인민당으로, 이들은 이민법을 대폭 강화하고 통합적인 요건을 강화하는 이득을 얻었다.

▎ 기존의 프레임을 바꾸는 극우 야당

정부 당국이 대다수의 법률을 제정한다는 것을 생각해보면, 대부분의 극우 야당들은 정책적 힘이 제한적이다. 그러나 그들은 어떤 문제를 논의하고, 그 문제가 어떻게 프레임화되는지를 결정하며, 정치적 의제를 정한다. 특히 국회에서 대표성이 큰 극우 정당의 경우 정치적 의제를 정하는 데 영향력이 크다. 기존의 정당 체제가 분열되고 극우 정당이 성공을 거두면서 오늘날 많은 나라가 훨씬 더 큰 연정을 맺는다. 이 연정은 때때로 모든 주요 주류 정당은 포함하면서, 극우 정당은 국내 최대 야당(예컨대, 독일의 AfD)으로 남겨둔다.

극우 세력은 현 시점에서 의제를 정하는 데 성공을 거두었다. 이들의 성공은 기회주의적인 주류 정치인과 선정적인 보도에 주력하는 주류 언론의 도움에서 기인했다. 많은 유럽 국가에서는 '이민' 문제를 안건의 최상위로 두는 동시에, 이 문제를 위협과 통합이라는 프레임으로 규정했다. 이와 유사하게, 유럽 통합은 보편적으로 이제 너무 지나치게 이루어졌고, 각국은 국가 역량의 반환을 필요로 하며, '기득권층' 및 '엘리트'와 같은 용어는 더는 쓰이지 않아야 한다는 프레임을 구성했다.

최근까지 극우 야당은 주로 주류 정당과 정부 담론에 영향을 미쳤다. 주류 정책의 내용이 크게 바뀌지 않았다는 점에서, 담론과 정책의 괴리는 더 벌어졌다. 이는 정치적 불만과 우익포퓰리즘 정당과 정책에 대한 지지만 확대하는 결과를 낳았다. 이 점이 공화당 경선에서 도널드 트럼프가 승리하게 된 원인 중 하나인데, 트럼프는 다른 공화당원들이 공수표만 연발했던 것을 정말로 실행하겠다고 말한 인물이기 때문이다.

이 책에서는 극우 세력이 국내정치와 국제정치 양쪽에 미치는 정치적 영향을 평가한다. 극우 정치의 국내 결과에 대해서는 우선 국민(국민 여론)에 미치는 영향, 그다음 정책에 미치는 영향, 마지막으로 정치체제에 미치는 영향에 논의한다. 다음 장에서는 '대응'에 대해, 국외 극우 정당의 구체적인 결과를 다룬다. 더 읽어보기 4에서는 헝가리의 오르반 빅토르를 대상으로 구체적인 사례를 분석할 예정이다. 오르반의 헝가리는 21세기 우익포퓰리즘 국가의 첫 사례로, 이외에도 유럽 전역과 그 밖의 국가에서 극우 운동가들의 롤모델이 점차 늘어나는 추세다.

▌ 여론에 약한 국민

사실상 모든 극우 단체는 광범위한 목표와 다양한 수단을 통해 여론에 영향을 미치는 것이 목표다. 일부 신나치주의 스킨헤드 집단이 지지자들을 끌어들이기 위해 음악을 이용하고, 반대자들을 위협하기 위해 폭력을 행사하는 것처럼 우익포퓰리즘 정당들은 비슷한 목표를 달성하기 위해 선거와 정책에 더 초점을 맞췄다. 극우 단체들은 공공연히 인종차별적이고 비민주적인 사상을 드러내기 때문에 사람들을 설득하는 데는 그다지 성공률이 높지 못하지만, 그들이 저지르는 폭력은 특히 그들이 표적으로 삼은 집단 전체를 오싹하게 만들 정도로 영향력이 크다. 특히 일부 동유럽 마을과 도시에서 극단우익 단체들은 동독 신나치주의자들이 주장하는 국가 자유구역befreite Zone(민족적으로 해방된 지역)을 만들기 위해 외국인에게 테러를 저질렀다. 즉, 이들은 이민자로 인식된 사람들과 다른 소수민족(집시 등)을 '청소'하는 것을 목표로 삼았다.

극우 폭력의 표적이 된 집단이 더는 공공장소에서 안전하다고 느끼지 못한다면, 그들은 또한 의회부터 경찰과 같은 주요 정치체제 및 국가 기관에 더 많은 불만을 드러내게 된다. 표적이 된 집단은 이미 차별과 폭력을 겪으면서 국가 기관의 법 집행에 대해 상당한 불신을 갖고 있다. 이는 그들이 당국에 사건을 보고하거나 보호를 요청하려고 하지 않는다는 것을 의미한다. 또한, 그들은 경찰관들도 극우 단체에 동조한다고 의심한다. 이것은 이유 없는 의심이 아니다. 많은 국가(예컨대, 프랑스와 그리스 등)에서 경찰관들이 우익포퓰리즘 정당을 지지하고 있으며, 특히 지역 차원에서 극우 단체와 유착 관계가 형성되었다.

그러나 우익포퓰리즘 정당에 대한 지지의 증가는, 직접 폭력을 행사하지 않더라도 표적이 된 집단에 영향을 미친다. 이는 극우가 국가와 지방 정부에서 활동할 때는 말할 것도 없고, 우익포퓰리즘 정당들이 주류화되고 더 넓은 사회에서 보편화될 때 더욱 강력한 영향을 미친다. 결국, 표적이 된 집단들은 국가 전체를 신뢰하지 않게 된다.

일반적인 국민의 여론과 우익포퓰리즘의 관계는 흔히 생각하는 것보다 더 복잡하다. 여론은 성공적인 선거의 원인이자 결과다. 대부분의 우익포퓰리즘 정당들은 주류 언론에서 거의 소외당한 채 정치적 여백에서 성공적인 선거를 이끌어냈다. 극우 이념이 근본적으로 상반된다기보다는 현재 주류적 가치와도 밀접하게 연관되어 있다는 점에서(제6장 참조) 굳이 사람들의 마음을 바꿀 필요까지는 없었다. 그들에게 필요한 것은 대중적인 논쟁이 그들이 주로 다루는 쟁점으로 바뀌는 것이고, 그 과정에서 우익포퓰리즘이 큰 노력을 기울이지 않고도 그들이 짜놓은 프레임을 사용하여 중책을 맡는 것이다.

그럼에도, 이 모든 것들이 여론에 크게 영향을 미친다는 경험적 증거는 거의 찾아볼 수 없었다. 조사 결과, 유럽 전역에 반체제 정서와 유럽 회의주의가 증가했지만, 2015년 이전까지 이민자들이 거의 없는 나라들에서도 이미 반이민 정서가 형성되어 있었다. 한편, 서유럽에서는 신세대들이 다양성에 더 익숙해짐에 따라 표면상 극우에 대한 지지가 조금씩 줄어들고 있는 것으로 보인다. 마찬가지로 미국에서는 1995년 이후 이민에 대한 반대는 줄어들고 있지만, 이민에 대한 지지는 높아지고 있으며, 트럼프의 대통령직도 이를 막는 데 아무런 역할을 하지 못했다. EU에서는 극우의 성공에 대한 자유민주주의 측의 반발 조짐까지 나타났다. 일례로 EU에 대한 지지는 브렉시트 이후 상승했으며, 특히 헝가리와 폴란드에서 유럽회의주의와 우익포퓰리즘 정부가 집권을 해도(혹은 그 때문인지) 극우에 대한 반발의 조짐이 보인다.

극우의 가장 큰 영향은 쟁점의 위치가 아닌 쟁점의 심각도에 있다. 즉, 극우는 사람들이 쟁점을 그들의 입장에서 심각하다고 여기게 만든다. 이는 극우를 다루는 언론의 문제점으로 인해 직접적으로 나타난 결과로, 이러한 결과는 주류 정치인과 급진우익 정치인들이 어떤 선택을 했는지와 연관된다. 그러나 전반적으로 여론에 대한 극우의 영향은 대부분 간접적이다. 극우의 영향력은 의제 설정을 통해 결정되며, 그 쟁점과 프레임을 비판 없이 채택하는 정치적 주류(언론과 정치)에 크게 의존한다. 예를 들어, EU 전역의 유로 바로미터Euro barometer 조사는 이민이나 테러와 같은 문제에 민감도가 높다는 결과가 수년 동안 나타났는데, 두 가지 문제가 경미하거나 존재하지 않는 국가에서도 정치적 주류에 의해 그러한 결과가 나타났다.

▎'난민 위기'와 강력한 정책

우익포퓰리즘이 지금까지 21세기 대부분 동안 많은 유럽 국가에서 정치적 의제를 결정했지만, 상당 기간 그들은 행동보다는 말이 더 앞섰다. 우익과 좌익 성향의 주류 정당들은 부패, 범죄, 유럽 통합, 이민 등에 대한 담론에서 상당히 우익 쪽으로 이동했지만 주로 겉치레에 불과한 정책만 내세웠을 뿐이다.

예를 들어, 데이비드 캐머런David Cameron 영국 총리와 니콜라 사르코지Nicolas Sarkozy 프랑스 대통령은 다문화주의를 실패라고 선언하면서도 이에 대한 통합 기준과 요건은 부분적으로 강화했지만, 이민이나 통합 정책을 근본적으로 바꾸지는 않았다. 마찬가지로 많은 북유럽 총리들은 EU가 너무 강력하고 그들의 손에 닿지 않는다고 비판했으며, 차기 구제금융에 반대하겠다고 약속했다. 그러나 그들은 유럽의 미래를 명확히 제시하지 못했으며, 어쩔 수 없이 차기 구제금융을 지지하는 방향으로 노선을 변경했다. 이에 대해 정치학자 안토니스 엘리나Antonis Ellina는 이 전략을 "국수주의자들을 위한 카드를 내민 뒤 철회하는 것"이라고 말했다.[21]

이른바 '난민 위기'는 서유럽의 지하드 테러 급증과 맞물려 담론과 정책의 괴리를 빠르게 좁혔다. 2015년 앙겔라 메르켈 독일 총리의 환영정치Willkommenspolitik는, 망명 신청자들에게 독일을 개방하는 정책이었다. 그에 따라 EU의 많은 부분이 개방되었다. 이에 반발한 헝가리의 총리 오르반 빅토르는 이민 배척주의를 이끌었다. 이에 동조하는 중·동유럽 국가들은 비유럽인의 이민을 두고 가장 강경하게 반대의 목소리를 높였다.

그들은 난민을 막기 위한 울타리 건설과 불법 이민자들의 범죄화와 같은 새로운 반이민 정책에서 가장 급진적이었으며, 많은 서유럽 정부들은 그들의 선례를 따르는 것을 반대하지 않았다. 가장 강경한 반이민 정부 중 일부는 우익포퓰리즘(헝가리, 폴란드) 정당이 집권 중인 국가다. 그러나 다른 정부는 그렇지 않으며(오스트리아, 덴마크, 슬로바키아), 일부는 정부(체코, 네덜란드)에서 우익포퓰리즘 정당이 공식적으로 배제된 상태다.

유럽 이외에는 급진적인 우익 정당과 정치인들이 대테러와 이민 정책에 주로 영향을 미쳤다. 트럼프 대통령은 비록 온건한 형태지

---

21 A.A. Ellinas, *The Media and the Far Right in Western Europe: Playing the Nationalist Card*, Cambridge University Press, 2010, p. 218.

만 사법적·정치적 반대에도 결국 '무슬림 금지령'을 통과시켰고, 멕시코와의 남쪽 국경에 더 높은 벽을 세우라는 압력을 계속하고 있으며, 유럽 이민자들이 우선시된 합법적인 이민을 상당 부분 개편하겠다고 약속했다. 그리고 이스라엘은 망명 신청자들에게 이전보다 덜 개방적이고, 아랍-이스라엘인들을 소외시키는 민족국가법을 채택했다.

인도인민당 주도의 인도 정부는 주로 신자유주의 경제 정책을 펼치고 있지만, 힌두 민족주의자들의 지지와 이슬람 혐오 정서에 근거하여 전국적으로 '쇠고기 금지령'을 통과시키려 노력했다. 다행히 이 법안은 2017년 인도 대법원에 의해 무산되었다. 또 인도 동북부의 수백만 명의 '불법 이민자'에 대해 정부는 방글라데시 출신의 힌두교 이주민들은 마땅히 보호해야 하지만, 불법으로 밝혀진 무슬림들은 추방해야 한다는 입장을 밝혔다.

▮ 경쟁적인 권위주의로 바뀌는 정치체제

최근까지 극우 정당들은 최소한 근본적인 측면에서는 정치체제에 영향을 미치지 않았다. 연구에 따르면 우익포퓰리즘 정부들이 법원의 독립성이나 언론의 자유를 훼손하고 소수민족(특히 무슬림)의 권리를 폐지하려 했지만, 그들의 시도는 연립정부의 협력자, 시민사회단체, 삼권 분립에 의한 법원에 의해 번번히 무산되었다. 극우 정당들은 개헌은 고사하고 의회에서 다수를 차지하지 못한 상태라, 힘이 부족한 상황에서 그들의 연합 협력자들에게 의존할 수밖에 없다.

우리는 세력이 커진 우익포퓰리즘 측이 그들의 쟁점을 공유하지 않거나 획득한 권력을 남용할 것이라고 우려한다. 만약 극우가 득세한다면, 이를 저지하지 않은 법원과 언론이 비난을 받고, 이민자와 소수민족의 권리가 약화되겠지만, 이러한 상황은 주변국의 다른 우익 정부와 크게 다르지는 않을 것이다.

이러한 상황은 최근 몇 년 동안, 특히 일부 중앙 및 동유럽 국가들(헝가리, 폴란드 등)에 해당했다. 그러나 최근 인도, 이스라엘, 미국에서 상황이 바뀌었다. 주요 변화는 주로 보수 정당에서 우익포퓰리즘으로 변모한 정당과 정치인들로부터 기인했다. 트럼프 대통령은 백악관에 입성할 때부터 자신에게 반대하는 언론인과 판사를 가차 없이 비판하며 그들의 독립성을 축소하기 위한 방안을 제시했다. 현재까지 그는 주로 제도적 구조보다는 인사를 교체함으로써 자신의 정치적 환경을 바꾸려 노력했다.

폴란드에서는 새롭게 득세한 우익포퓰리즘 정부가 법원과 언론을 정면 공격했지만, 시민사회, 판사, 야당, 국제사회의 저항에 부딪혔다. 법과정의는 '부다페스트 모델'을 만들려고 하지만, 헝가리처럼 헌법적 다수를 차지하지 못해 지금까지는 권력을 멋대로 휘두르지 못한다. 반면 헝가리에서는 오르반 총리가 집권하면서 우익포퓰리즘 정부의 지배하에 자유민주주의 체제에서 독립적인 법원과 언론, 자유롭고 공정한 선거가 없는 경쟁적인 권위주의 체제로(더 읽어보기 4 참조) 변화했다.

▌국제적 결과

불과 몇 년 전만 해도 내가 공동 저자로 활동했던 '외국인 정책에 대한 포퓰리스트의 도전'의 한 싱크탱크 보고서에서는 이 '유럽의 문제아'들이 외교 정책과 국제사회에 미미한 영향만 미쳤다고 결론을 내렸다.[22] 여기에 추가적으로, 21세기 유럽에서 의심할 여지 없이 가장 중요한 외교 정책 결정 중 하나인, 영국인 대다수가 EU를 떠나기로 결정한 브렉시트가 몇 달 전에 발표되었다. EU 국민투표는 보수당 내 내부 분열의 결과나 다름없었다. 그렇지만 데이비드 캐머런의 EU 국민투표 요구를 끌어내는 데는 영국독립당UKIP의 선거전이 중요한 역할을 했으며, 브렉시트를 현실화하는 데는 영국독립당의 반이민 캠페인이 큰 역할을 했다.

브렉시트 투표는 극우 세력의 외교 정책에서 성공이었지만, 브렉시트 이후 그들의 무능과 내분은 극우 세력의 외교 정책이 분열되었음을 보여주었다. 이는 민족주의적인 국제주의에 대한 선정적인 언론의 보도와는 뚜렷한 대조를 이루었다. 극우 단체들은 가장 기본적인 외교 정책 문제에 대해 근본적으로 서로 의견이 일치하지 않는다. 그들을 하나로 묶는 것은 (이것이 실천보다 이론적으로 더 이루어지더라도) 문화·경제·정치적 통합에 의해 정의된 현재의 세계 질서에 대한 반

---

22 R. Balfour et al., *Europe's Troublemakers: The Populist Challenge to Foreign Policy*, European Policy Center, 2016. http://www.epc.eu/documents/uploads/pub_6377_europe_s_troublemakers.pdf?doc_id=1714.

발심일 뿐이다.

유럽의 우익포퓰리즘 정당들과 (연합) 정부들은 2018년에 모로코 마라케시에서 열린 '유엔 이주협약Global Compact for Migration' 같은 국제적인 공조를 점점 더 좌절시킬 수 있고, 때로는 2017년에 있었던 'EU 난민 정착 계획refugee resettlement plan' 같은 공조를 저지할 수도 있다. 그러나 그들은 세계 질서를 대체하는 것은 고사하고 근본적으로 세계 질서를 바꿀 수 없다. 이는 개별 정당들이 항상 유럽 전체의 이익보다 자국의 이익을 중시하기 때문이다.

만약 새로운 우익포퓰리즘이자 유럽 회의주의적인 거대한 조직이 등장할지라도 2019년 유럽 선거 이후 국제적인 결과에는 아마 큰 변화는 없을 것이다. 그리고 EU 안팎에서 각국이 원하는 이익은 극명하게 다르며, 종종 이들은 같은 극우라고 할지라도 서로 반대하며 싸운다. 예를 들어, 일부는 EU에 순지불자인 국가(오스트리아자유당, 네덜란드 민주주의포럼)의 입장을 반영하고, 다른 일부 국가는 순수취자(피데스, 복스)의 입장을 반영하기 때문에 반대가 일어날 수밖에 없다.

트럼프 대통령조차 NATO와 EU 등의 국제기구와 조약에 대한 미국의 역할을 폐지하거나 변혁을 추구하기보다는, 주로 제한하는 쪽으로만 역할을 축소하는 데 그쳤다. 그는 2017년 '파리기후변화협정Paris Agreement on Climate Change'이나 2018년 '유엔인권이사회UN Human Rights Council' 등 미국이 탈퇴한 몇 안 되는 사례에서 공화당의 급진우익과 신보수주의neoconservatives 측의 지지를 받았다. 한편, 트럼프는 브렉시트부터 '이스라엘을 위대하게Greater Israel'와 같은 쟁점에서 미온적인 태도를 취해 외국의 극우 동맹국들을 실망시켰다. 그리고 때로는 그들의 숙원사업에 대해 비판할 때도 있었다. 실제로 트럼프의 '미국 우선주의' 외교 정책에 대응하는 방안으로, EU와 NATO 내 긴밀한 협력에 대한 지지가 줄어들기보다는 오히려 증가하여 유럽 극우 세력을 상당히 당황하게 만들었다.

오르반의 헝가리

오르반 빅토르는 사회주의 정부의 부패 스캔들과 자유민주주의 진영의 분열·내분에서 이익을 얻어 2010년 선거에서 대규모 승리를 거두며 다시 정권을 탈환했다. 8년의 야당 기간에, 피데스는 '시민권운동Polgari Körök'과 당의 목소리를 반영하는 언론을 통해 사회와 국가를 잠식해나갔다. 그들은 사회주의 정부를 급진적이고 때로는 폭력적으로 비난했으나, 선거에서는 비교적 모호한 '국가보수'라는 의제로 선거운동을 벌였다. 그러나 예상치 못하게 헌법적 다수를 차지함에 따라 자신감을 얻은 오르반은 단기간에 헝가리를 자유민주주의에서 '비자유민주주의'로 변화시킬 정치 프로그램을 시행했다.

오반은 국회를 '거수기rubber-stamping' 역할만 하는 기관으로 축소시켰다. 그로 인해 국회는 정부가 발의한 법안을 비판 없이 도입하고 통과시키는 것 외에는 아무런 역할을 하지 못하게 되었다. 그는 국회의 권력을 제한하고, 법원이나 세무서와 같은 비다수결주의non-majoritarian로 운영되는 기관들의 힘을 약화시키는 데 성공했다. 그리고 그는 독립적인 시민사회단체와 언론을 비판하고 새로운 입법안과 국비 지원의 철회로 그들을 통제하에 두었다.

그에 더해 피데스, 좀더 구체적으로는 오르반 자신이 관여하는 기업인들의 네트워크가 헝가리 언론의 대부분을 차지하기 시작했다. 널리 인정받는 좌익 성향의 《넵스바저그 Nepszabadság》신문을 포함한 일부는 문을 닫았고, 그는 나머지 언론들은 통합하여 오르반의 충신이 운영하는 '독립적인' 국가 재단에서 운영하기 시작했다. 오늘날, 몇몇 TV 방송국(RTL Klub)과 웹사이트를 제외하고는, 헝가리 언론은 완전히 오르반의 지배하에 놓였다.

오르반 총리는 집권 후 첫 임기 동안은 주요 국제 논쟁에서 크게 벗어나 있었지만, '난민 위기'를 계기로 유럽의 주요 주역을 맡아 앙겔라 메르켈 총리를 성공적으로 이기고 EU가 제안한 난민 재분배 계획을 저지했다. 현재 우익포퓰리즘의 입장을 공공연하게 수용 중인 오르반 총리는 이민 배척주의적인 캠페인을 통해 망명 신청자를 반대하고, 남은 정치적 반대파인 더나은헝가리를위한운동을 위축시켰으며, 시민사회를 압박하고, 중앙유럽대학교를 쫓아내기 위해 유대계 미국-헝가리인인 자선가 조지 소로스George Soros를 겨냥한 반유대주의 운동을 강화하면서 헝가리를 점차 비민주주의로 변화시켰다. 명목상 독립적인 사법부를 지배하기 위해 당의 꼭두각시인 유사 사법부를 만들려는 그의 최근 움직임으로 볼 때, 헝가리는 더는 자유주의도, 민주주의 체제도 아니다. 헝가리는 점점 더 그에게 반대하는 야당을 궁지에 몰고 괴롭혀, 결국 정치적 변두리로 내모는 경쟁적인 권위주의 국가로 변했다.

헝가리가 이러한 극우 정권의 출현을 막기 위해 설립된 EU의 회원국임에도, 자유민주주의 체제에서 극우 독재 정권 체제로 얼마든지 바뀔 수 있다는 사실은 제4의 물결에서 다음과 같은 교훈을 남겼다.

첫째, 주류 우익 정당이 우익포퓰리즘 정당으로 변모하는 일은 가능하다. 둘째, 제3의 물결 때 일어났던 주류 유럽 정치의 극우에 대한 반대는 일어나지 않았으며, 오히려 피데스는 유럽의회의 주요 정치 집단이자 주류 우익인 유럽인민당의 보호를 받았다. 셋째, 오르반 총리가 강경한 유럽연합회의론자이지만, EU를 대하는 그의 접근방식은 방어적이기보다는 오히려 공격적이다. 그는 EU를 탈퇴하기보다는, 헝가리처럼 EU를 바꾸려고 한다.

THE
FAR RIGHT
TODAY

8장

극우를
경계하기
위한 방법: 대응

공개 강연을 할 때마다, 극우 세력을 무찌르기 위해 과연 무엇을 해야 하는지 질문을 받지 않은 적이 없었다. 당연하게도, 많은 사람들은 극우의 다양한 행동·이념·조직에는 그다지 관심이 없다. 그러면서도 그것이 자유민주주의에 끼치는 부정적인 영향, 그리고 그것에 대응하는 주류 정당들의 무능과 무관심에 대해서는 우려한다. 나는 학자로서나 시민으로서나 이러한 사람들의 관심을 공유하지만, 먼저 20년이란 세월이 흘렀어도 우리에게는 여전히 그에 대한 뾰족한 묘수가 없다는 것을 인정해야 한다고 생각한다.

전 세계적으로 각국은 자국의 역사, 자유민주주의 체제의 강점, 극우의 도전에 대한 위험의 인식 등 광범위한 요인에 근거하여 극우와 정치적 극단주의political extremism에 더 일반적인 접근법을 취한다.

이번 장에서는 국가, 정당, 시민 사회단체의 극우에 대한 주요 대응을 논의해보려고 한다. 그리고 이 장을 "그 대응이 효과가 있는가?"라는 중요한 질문에 대한 짧은 논쟁으로 끝맺을 것이다.

▎독일과 미국의 사례

자유민주주의 체제의 본질은 다수결의 규칙뿐 아니라 소수자의 권리 보호도 포함된다. 오늘날 '소수자'라는 용어는 주로 '민족' 또는 '인종' 집단과 연관되어 쓰이지만, 법적 용어로 보면 정치적 소수자를 포함하여 훨씬 광범위한 범주로 확장된다. 그러나 모든 국가가 정치적 소수자를 같은 수준으로 용인하는 것은 아니다. 따라서 극우 세력과 관련된 국가적 대응으로는, 독일과 미국 모델을 구분해보는 것이 가장 적절하다.

미국은 권위주의와 인종차별주의가 혼합된 극우정치의 역사가 오래되었다. 극우정치는 이미 대부분 주류와 연관되어 있으며, 따라서 민주적인 정당들과도 관련이 있다. 과거 독일계 미국인 동맹 German American Bund이나 찰스 코울린Charles Coughlin 신부와 같은 파시스트와 준파시스트quasi-fascist의 활동 및 이념은 20세기 초에는 꽤 인기를 끌었지만, 이것은 어디까지나 '수입품'이며 '미국식이 아닌' 것으로 여겨졌다. 미국은 진주만 공격을 당한 것을 제외하고는, 영토를 점령당한 적도 없으며 파시스트가 자행했던 영토 파괴로부터도 비교적 역사적으로 자유롭다.

이러한 구체적인 역사적 맥락은 왜 미국이라는 나라가 다른 모든 정치 집단들을 대하는 것과 마찬가지로 미국 수정 헌법 제1조에 의해 철통같이 극우를 보호하는 데 관대하게 구는 이유를 부분적으로나마 설명해준다. 미국 수정 헌법 제1조에 따르면, "국회는 종교의 설립을 존중하며, 종교의 자유로운 행사를 금지하거나, 자유를 억압하는 어떤 법도 제정할 수 없다. 이에 따라 언론의 자유 또는 출판의 자유를 침해하는 행위, 국민이 평화롭게 집회할 권리와 정부에 불만을 시정해줄 것을 청원할 권리를 막는 어떠한 법 제정도 금지한다"라고 분명히 명시되어 있다. 따라서 언론의 자유는 미국에서 신성불가침이며, 적어도 1960년대 후반부터 이 조항이 철통같이 지켜져왔다. 이는 가장 극단적인 조직과 연설조차도 자유를 보호받아야 한다는 신념으로 이어졌다.

이것의 가장 유명한 예는 1977년의 '스코키 사건Skokie Affair'이다. 당시 미국국가사회당National Socialist Party of America은 홀로코스트 생존자들을 포함한 유대인 거주자가 특히 많은 시카고 교외 일리노이주 스코키에서 행진하기를 원했지만 허가를 받지 못했다. 이에 반발하여, 미국시민자유연맹American Civil Liberties Union은 마을 행진, 나치 제복 착용, 어금꺾쇠 십자표지swastika 사용 금지에 이의를 제기하며 스코키가 미국 수정 헌법 제1조를 침해했다고 주장했다. 결국, 대법원은 미국시민자유연합과 미국국가사회당과의 합의하에, 미국국가사회당의 손을 들어주는 판결을 내렸다.

이는 독일 연방공화국의 대응과 뚜렷하게 대조된다. 독일 연방공화국은 우익극단론자의 위협에서 살아남기에는 너무 무르다고 여겨졌던 바이마르 공화국에 대한 직접적인 대응으로 탄생한 국가다. 결과적으로, 전후의 새로운 독일은 민주주의적 수단을 통해 극우의 재집권을 막는 데 우선권을 부여한 셈이다. 이것은 이른바 방어적 민주주의wehrhafte Demokratie로, 주요 정치기구(행정부, 입법부, 사법부)에 자유민주주의 질서를 수호할 수 있는 광범위하고 강력한 권한과 의무가 부여되었다.

여기서 가장 중요한 것은 자유민주주의 질서에 '적대적'이라고 여겨지는 사회단체들이 비록 법정에서 그 결정에 항소할 수는 있지만, 이들은 행정부 소속의 내무부 장관에 의해 금지될 수 있고, 마찬가지로 '적대적인' 정당들은 독립적인 사법부인 연방헌법재판소에 의해서 금지될 수 있다는 사실이다. 이에 따라 독일의 수백 개의 극우 단체들과 소규모 신나치 동지들Kameradschaften이 금지당했으며, 그 결과 1952년에는 단 한 개의 극단우익 정당인 사회주의 국가당Socialist Reich Party만이 살아남았다. 또한, 독일국민민주당NPD은 대부분 당의 존속 기간 동안 정당 활동 금지 명령으로 인해 당이 소멸될 위협을 받아왔다.

다행히 NPD는 2001~2003년 첫 번째 법원 소송에서 정보 제보자와 첩보원이 너무 많아서 법원이 재판 당사자와 국가를 정확히 구분할 수 없다는 이유로 연방헌법재판소가 사건을 기각해 살아남았다. 몇 년 후, 법원은 또 다른 금지 방안을 들어 이 당이 "헌법에 적대적"이라고 선언했으며, 국회가 공금을 중단할 것을 촉구했지만, 이번에도 역시 활동을 금지당하지는 않았다.

따라서 독일과 미국 모델 간의 중요한 차이점은 강제성이다. 한편, 미국을 포함한 모든 국가에서 정부는 극우를 포함한 잠재적인 폭력 집단을 감시해왔다. 그러나 전 세계적으로 인종차별 반대주의 운동가들과 좌익 정치인들은 오랫동안 국가, 특히 정보 및 법 집행 기관들이 "우익 폭력의 위협을 무시하거나 최소화한다"라고 불평해왔다. 9·11 테러 이후 많은 주에서 잠재적인 지하드 테러 위협을 우선순위에 놓고 그것에 관한 자원에 초점을 맞추면서, 이러한 점은 극우 테러를 조사하는 데 방해가 되었다. 예를 들어, 네덜란드에서는 9·11 테러 이후 네덜란드 정보보호국 내에서 단 한 명의 분석가만이 '극단주의(극우를 포함한)'에 대한 책임자였다.

이런 점에서 미국의 상황은 특히 불안정하다. 9·11 테러 이후 새로 창설된 미국 국토안보부는 지하드 테러 전문 분석가를 40명이나 두었지만, 좌익 테러와 이른바 '에코 테러리즘ecoterrorism'를 포함한 '국내 비이슬람 세력의 테러'에 대한 분석가는 여섯 명에 불과했다. 또한, 국토안보부에서 2009년 군 참전용사들의 테러 가능성을 경고한 '우익 테러' 보고서를 발표하자(1995년 오클라호마시티 폭탄 테러의 책임자가 했던 것처럼), 보수주의자들의 반발이 거세게 일어나 당시 재닛 나폴리타노Janet Napolitano 국토안보부 장관이 공식적으로 사과하기도 했다. 이듬해 이 보고서를 담당했던 팀은 해체되었고, 극우 분석가들은 좌절을 겪었으며, 극우 분석팀에는 단 두 명의 분석가만 남아 있었다. 9·11 테러 이후 지하드 테러보다 더 규칙적이고 치명적인 미국의 극우 폭력이 증가했음에도 상황은 계속 악화되었다. 최근 몇 년 동안 트럼프 대통령은 몇몇 반극우적인 폭력을 주도하는 세력에게 들어가는 자금을 회수했고, 지하드주의 범죄자만을 대상으로 '테러'라는 용어를 사용했다.

▎ 경계부터 합병까지 살펴보는 정당들

대부분의 서구 민주국가에서 정치의 최우선순위는 정당 정치인 만큼, 자유 민주당이 극우 정당을 어떻게 다루어야 할지에 대한 문제는 극우에 어떻게 대응할 것인가에 대한 폭넓은 질문에서 가장 중요하게 고려되어야 한다. 이에 관한 무수히 다양한 접근법 중에서, 이 책에서는 네 가지 뚜렷한 접근법, 즉 경계·대립·포섭·합병으로 나누어 분석했다.[23]

■ 경계|Demarcation

경계란 자유민주당이 극우 정당을 정치적 상호작용에서 배제하는 것을 의미한다. 따라서 그들은 극우의 존재를 무시하고 마치 극우 정당(혹은 정당들)이 존재하지 않는 것처럼 일상적으로 정치를 계속한다. 경계는 전후 대부분 기간에, 특히 전후 10년 동안, 모든 서구의 민주주의 국가에서 공개적으로 극우 정당이나 집단이 금지된 와중

---

23 극우 정당들의 대응에 대한 분류는 다음을 참고하라. "The Radical Right in Public Office: Agenda-Setting and Policy Effects," *West European Politics*, 24(4), 2001, pp. 1~21.

에도 존재했던 다양한 소규모 우익포퓰리즘 정당에 대한 사실상의 접근 방식이었다. 우익포퓰리즘 정당들이 점차 선거에서 지원을 늘리기 시작하자, 이에 대응하여 다른 정당들은 좀더 명시적·공식적인 입장을 취해야 했다. 대부분의 주류 정당들은 우익포퓰리즘 정당들을 민주주의의 영역 밖에 있다고 공식 선언했고, 따라서 그들을 정치 게임에서 제외시켰다.

그러나 주류 정당들은 또 다른 '검은 일요일'을 맞이했다. 급진우익인 플랑드르블록(이후 '플람스의이익'으로 당명 변경), 즉 플람스연합이 선거에서 승리하는 일이 벌어졌다. 이에 대응하여 네덜란드어를 사용하는 벨기에 북부 플랑드르에 있는 모든 다른 의회 정당들이 모여서 공식적으로 플랑드르블록 주변에 이른바 완충지대Cordon Sanitaire를 구성하기로 합의했다. 공식적으로, 그 경계선은 상당히 권한이 제한적이었다. 플랑드르블록과 정부의 결합 수준은 고려 사항에서 제외하고, 플랑드르블록과 어떠한 정치적 연합도 하지 않는 방법이었다. 비공식적으로는 정당뿐 아니라 그들의 주요 쟁점(이민)도 배제했고, 이에 따라 유권자들의 주요 관심사 역시 제외되었다. 플랑드르블록이 선거에서 성공한 다음 기복이 있었음에도 이 완충 지대 구성은 1992년 두 차례에 걸쳐 도입된 이후 깨지지 않은 상태다.

비록 벨기에만이 공식적인 완충 지대를 구성했지만, 많은 서구 민주주의 국가들의 정당들 역시 오늘날에는 경계를 대응으로 내세운 상태다. 독일에서는 독일을위한대안, 프랑스의 국민연합, 네덜란드의 자유당(2010~2012년 제외), 스웨덴에서는 스웨덴민주당이 제외되었다. 그러나 이러한 모든 국가에서 다양한 이유로 비공식적인 저지선들은 균열을 보이기 시작했으며, 특히 주류 우익 정당이 존재하는 지역 및 지역 정치인들 사이에서 이 저지선에 대한 반대가 증가하는 추세다. 결국, 공식적이든 아니든 간에 경계는 이념적이라기보다 전략적인 대응이다. 만약 특정 정당이 이 저지선을 넘는 것을 어떤 문제를 해결하는 방편으로 사용한다면, 우익포퓰리즘 정당은 이것을 자유민주주의 질서 밖에서 활동하지 않는다고 주장하거나, 또는 특정 유권자를 소외시키는 것은 비민주적이라고 주장하는 근거로 사용할 것이다.

■ 대립 Confrontation

대립은 극우 정당들과 그들의 정책을 적극적으로 반대하는 것을 의미한다. 이 방법은 대부분 독일의 국민민주당과 그리스의 황금새벽당과 같이, 매우 규모가 작거나 극단적인 정당에만 제한적으로 사용된다. 이들은 주로 반민주주의, 반유대주의, 역사수정주의, 인종차별주의 등 가장 극단적인 이념을 내세우는 정당이다. 이들은 선동이나 실제 폭력 행위와 같은 그들이 저지른 폭력에 대해서 대립이라는 강한 반발에 부딪힌다. 이러한 대립은 주로 상징적인 가치를 지니고 있으며, 때로는 급진적인 우익 정당들이 공유하기도 한다. 이는 그들이 '중도'의 입장이며 극우가 아님을 보여주기 위한 하나의 시도다. 이렇게 "눈 가리고 아웅하는" 식의 예는 헝가리의 피데스에서 찾아볼 수 있다. 그들은 정기적으로 '극단우익'인 더나은헝가리를위한운동이 자국을 지배할 것이라는 괴소문을 퍼뜨려 그들의 급진우익 정책에 대한 국내외 비난을 무마한다.

소수 정당이나 극단적인 정당과의 대립은 전반적으로 볼 때 적은 이득과 적은 비용이 들지만, 규모가 거대하거나 우익포퓰리즘 정당과의 대립은 그렇지 않다.

첫째, 극우 정당의 규모가 크면 잠재적으로 연정에서의 협력자가 될 수도 있고, 적어도 다른 정당과의 연정 협상에서 활용할 수도 있다. 이는 특히 주류 우익 정당의 경우에 적용된다. 주류 우익 정당은 좌익 연합과 허용 가능한 협력자, 즉 녹색당과 일부 급진적 좌익 성향의 주류 좌익 정당과 자주 협상 테이블에 앉는다. 만약 중도 우익 정당들이 극우 정당을 지레짐작하여 배제하면, 중도 좌익 정당과의 연정 협상에서 자신들의 영향력을 스스로 줄이는 꼴이다.

둘째, 만약 주류 정당이 대립이라는 대응을 선택한다면 주류와 우익포퓰리즘 중 하나를 선택하고 있는 잠재적 유권자들이나 심지어 주류 자신의 일부 유권자들을 잃어버릴 수 있다는 점이다. 반민주적 또는 반정치적인 이념을 옹호하는 유권자는 거의 없겠지만, 지금은 그러한 추측이 맞아떨어지는 이상적인 상황이 아니다. 이것은 특히 이슬람 혐오적인 유권자들에게는 맞지 않는 추측이다. 따라서 주류 정당이 반이민 또는 반이슬람 의제를 놓고 우익포퓰리즘 정당과 맞붙는다면, 정당을 포함한 주류 유권자들로부터 지나친 친이민주의자, 친이슬람주의자로 낙인찍힐 수도 있다.

■ 포섭Cooptation

적어도 1990년대 후반부터, 포섭은 서구 민주주의 국가에서 극우와의 상호작용에 지배적인 대응 방법이었다. 포섭은 자유민주당이 우익포퓰리즘 정당을 배제하되, 그들의 쟁점은 배제하지 않음을 의미한다. 즉, 포섭은 우익포퓰리즘 정당들이 선거에서 지지를 얻고 정치적 영향력을 키웠을 때 다수의 주류 정당들이 택하는 기회주의적인 대립 전략이다. 포섭은 다른 형태와 등급으로 나눌 수 있다. 독일의 앙겔라 메르켈 총리를 비롯해 거의 모든 유럽의 주요 지도자들이 다문화주의를 비판했다. 이와 동시에 독일을 위한 대안(독일국민민주당은 말할 것도 없고)의 보편화에도 강하게 반대한다. 마찬가지로, 호주의 존 하워드John Howard나 벨기에의 바르트 더 베버르Bart De Wever와 같은 더 많은 보수적인 정치인들은 그들의 정적인 급진우익들을 공격하는 동시에, 그들의 주요 쟁점을 자신들의 쟁점으로 자주 채택했다.

애초에 자유민주당은 실질적으로 정책을 바꾸지 않고 유럽통합과 다문화주의를 문제 삼는 우익포퓰리즘의 쟁점을 주로 채택했다. 20세기 후반의 실질적인 변화는 1990년대 초 유고슬라비아 내전으로 인한 난민 유입 문제에서 찾아볼 수 있었다. 난민 정책은 이를 반대하는 우익포퓰리즘의 쟁점을 반영했다. 21세기 초에는, 특히 테러 공격과 이른바 '난민 위기'로 인해 우익포퓰리즘과 주류 우익의 담론이 긴밀하게 연결되었다. 이는 정부의 권위주의적이고 이민 배척주의적인 정책으로 이어졌다(제7장 참조).

■ 합병 Incorporation

합병이란 우익포퓰리즘이 주류 정당과 마찬가지로 주류화되고 보편화되는 것을 의미한다.[24] 전후 유럽에서 합병은 1994년 이탈리아에서 우익 포퓰리스트인 실비오 베를루스코니Silvio Berlusconi가 '전후 파시스트'인 국민동맹National Alliance과 우익포퓰리즘 정당인 북부동맹LN을 통합하여 연립정부를 구성하면서 발생했다. 그러나 합병된 연정은 기존 정당 체제가 완전히 붕괴되면서 8개월밖에 지속되지 않았고, 그 후 북부동맹이 완전히 여기서 손을 떼면서 일시적인 현상에 그치는 듯했다.

2000년, 오스트리아자유당은 보수적인 오스트리아국민당과 함께 연립정부를 결성했다. 이로 인해 오스트리아와 유럽 전역에서 대대적인 반발이 일어났다. 오스트리아자유당과 비밀리에 협상을 벌였던 오스트리아사회민주당Austrian Social Democrats에 항의하기 위해서 수십만 명의 오스트리아인들이 '파시스트' 정부에 반대하는 거리 시위를 벌였다. 또한, 당시 14개국의 EU 회원국들은 오스트리아자유당을 포함한 연립정부와의 "정치적 차원에서의 공식적인 접촉을 촉진하거나 수용하지 않을 것"이라는 강력한 성명을 발표하면서 이 연합을 반대했다. 결과적으로 EU-14의 반대는 오스트리아자유당

---

24 급진우익과의 연합에 대해서는 다음을 참고하라. S.L. de Lange, "New Alliances: Why Mainstream Parties Govern with Radical Right-Wing Populist Parties," *Political Studies*, 60(4), 2012, pp. 899~918.

소속의 장관들을 보이콧하는 데 그쳤으며, 세 명의 '현인'으로 구성된 위원회에서는 오스트리아 연립정부에 대한 제재해 해제할 것을 권고했다. 일부 EU 회원국과 오스트리아 사회민주당의 방해에도 1년도 채 지나지 않아 제재가 해제되었다.

2018년 오스트리아자유당이 정부로 다시 돌아왔을 때 오스트리아에서는 예전보다 훨씬 규모가 작은 시위가 일어났고, EU 정부는 오스트리아자유당 소속의 장관들을 보이콧하지 않았다. 이번 기회에 오스트리아자유당은 그토록 갈망하던 외무장관 자리를 충분히 얻을 수 있었지만, 그들은 독립성이 있는 전직 외교관이자 정치 분석가인 카린 크나이슬Karin Kneissl을 임명하는 방법으로 국제적인 보이콧을 막았다(이스라엘만이 그녀의 임명을 보이콧했을 뿐이다). 이는 극우 통합과 보편화를 시사했다. 이외에도 우익포퓰리즘 정당들은 여러 나라의 연립정부를 결성하는 데 주축이 되었고, 몇몇 소수 여당 정부를 지원하기도 했다.

직접적으로나 간접적으로 점점 더 많은 우익포퓰리즘 정당들이 주류 정당과 통합되는 것은 선거에서 더 많은 지지를 얻음으로써 그들의 정치적 영향력이 커졌기 때문이다. 그리고 이들 정당에 대한 대중의 인지도는 어느 정도는 선정주의적인 언론에 의해 부풀려진 덕분이기도 하다. 한편, 우익포퓰리즘 정당들은 현재 많은 국가에서 그세력이 비대해졌다. 그들을 정부로부터 경계하는 대응은 특히 주류 우익 정당들에게 점점 더 많은 기회비용을 낭비하게 했다. 이것은 이들이 중도 좌익 정당과의 대연정을 통해 좀더 많은 권력을 나눠야 함을 의미하거나, 이념적으로 그들과 맞지 않고 (정치적으로는) 덜 안정적인 다른 두세 정당과의 연정을 구성해야 함을 의미한다. 반면에 많은 주류 우익 정당들은 10년 이상의 기간을 거쳐 좀더 연화된 우익으로 이동했다. 반면, 지난 10여 년 동안 많은 주류 우익 정당들은 특히 사회문화적인 쟁점에 대해 좀더 강성의 입장을 취하게 되면서, 그 결과 이념적으로는 우익포퓰리즘 정당들이 좀더 매력적인 연정 협력자로 자리매김할 수 있었다.

▎ 비폭력적 저항과 폭력적 저항 사이

국가와 정당이 아닌 시민사회단체들이 극우 세력의 상승에 대응하는 데 큰 역할을 했다. 특히 제4의 물결에서 정당들이 점점 더 합병과 포섭을 선호하는 쪽으로 바뀌었다. 그러나 이러한 변화는 시민사회단체들의 경우에서는 훨씬 드물다. 소수의 종교단체나 노동조합 단체에서는 이민 배척주의 또는 포퓰리즘적인 미사여구를 옹호했던 단체를 찾아보기 어렵다. 또한, 이들 중 현재 극우 단체와 개인을 배제하거나 맞서지 않는 시민사회단체들도 극우를 관용적으로 받아들이긴 하지만, 결코 그들의 이념은 용납하지 않는다. 특히 대중적 이미지 측면에서 시민사회는 여전히 경계와 대립을 내세운다.

▎ 극우에 대한 경계

많은 시민사회단체들이 극우 단체에서 활동하는 것을 금지하고, 극우 정당 소속의 후보자가 되거나 극우 단체 지도자에 입후보하는 것을 금지한다. 이것은 전통적으로 거의 모든 노동조합에 해당된다. 그들은 오랫동안 극우에 대해서 가장 크게 반대의 목소리를 높이는 세력 중 하나였다.

우익포퓰리즘 정당을 위해 선거에 나선 노조원들은 제명되고, 우익포퓰리즘 정당에 공감을 표한 노조 지도자들은 노조와 당 중 하나를 선택하라는 강요 아닌 강요를 받는다. 이것은 대부분의 기독교 민주당 및 사회 민주당 노조에 적용되었고, 공산주의 노조에는 더욱 강하게 적용되었다. 그 결과 일부 우익포퓰리즘 정당들은 특히 극우에 동조하는 것으로 알려진 분야에서 그들만의 노동조합을 만들려고 시도했다.

1990년대 후반 국민전선은 경찰관과 교도관을 위한 노조를 만들었지만, 둘 다 프랑스 최고 상고법원으로부터 불법이라는 판결을 받았다. 극우 세력이 더 주류를 이루는 국가들에서는 600만 명이 넘는 민족봉사단 소속 노동단체인 인도노동조합Indian Workers' Union과 같이 노동조합이 주요 극우 정당에 가깝거나, 그들에게 동조한다.

아직까지도 노동조합이 제4의 물결에서도 계속해서 극우를 공식적으로 반대하고 있는 것은 사실이다. 그러나 이것은 국가 및 분야 간에 상당한 차이가 있다. 예를 들어, 덴마크처럼 우익포퓰리즘이 주축을 이룬 나라에서는 극우가 완전히 보편화되지는 않았지만, 노동조합은 극우를 "모두 알지만 말하지 않는 껄끄러운 문제"라고 생각해 무시하고 넘어간다. 반대로, 몇 년 전까지만 해도 독일이나 미국처럼 우익포퓰리즘이 아직 심각한 정도는 아니었던 나라에서는 노동조합이 여전히 그들을 경계한다(또는 경계했었다). 다만 미국에서도 도널드 트럼프에 대한 지지가 특정 노조의 회원들 내에서 얼마나 광범위하게 퍼져 있는지는 차이가 있기에, 노동조합 가운데 분명히 분야별 차이는 있다.

마찬가지로, 정당과 사회 운동 단체와 같은 극우 단체들이 제3의 물결 동안 대부분의 유럽 국가들, 특히 서부 지역에서 문화·정치·사회 행사들에서 제외되었다. 그러나 이 완충 지대는 급속도로 붕괴되고 있으며 심지어 일부 국가들에서는 대부분 완충 지대가 사라졌다. 예를 들어, 2017 프랑크푸르트 도서 박람회에 참가한 '대안우파'의 이념가이자 출판업자인 괴츠 쿠비체크Götz Kubitschek의 사례처럼 대부분의 극우 출판업자들은 현실적으로 외면받고 있지만, 국제 및 국가 도서 박람회에 꾸준하게 참여해도 별다른 제재를 받지 않는다.

▌ 시위로 맞서는 대립

개방적인 합병이 아닌 암묵적 관용이 제4의 물결에서 점점 더 일반화되었다. 그렇지만 대립은 시민사회가 극우에 대응하는 데 중요한 부분으로 남았다. 최근 몇 년 동안 가장 큰 규모의 시위는 2018년 베를린의 노골적인 인종차별주의 시위로 거의 25만 명의 사람들을 끌어들였다. 그에 맞서 미국 전역에서는 반극우anti-far-right 여성 행진이 2017년에 300만에서 500만 사이의 사람들을 끌어들였다.

가끔 대규모의 반인종차별주의자anti-racist 시위 외에도 소규모지만 더 규칙적으로 '반파시스트' 시위가 벌어진다. 전자 역시 극우 사건에 대한 대응이지만 이들은 다른 시공간에서 조직되었다. 반면 후자는 극우와 직접 대립한다는 차이가 있다. 시위는 어떤 한 도시에서 극우가 환영받지 못한다는 사실을 보여주거나, 극우 세력이 다수를 대표하지 않는다는 것을 더 넓은 대중에게 보여주기도 하며, 극우 세력이 '증오의 메시지'를 조직하고 퍼뜨리는 것을 막는 등 다양한 목표를 달성하기 위해 열린다.

이 책의 제5장에서 언급했듯이, 대부분의 극우 시위는 그보다 훨씬 더 큰 반파시스트의 반대 시위에 직면한다. 우리는 수십 명의 극우 운동가들이 종종 많은 수의 경찰에 의해 분리당하고 10배에서 20배 더 많은 반파시스트들에게 둘러싸인 '시위' 현장의 사진들을 흔히 찾아볼 수 있다. 2017년 샬롯츠빌에서 벌어진 극단적인 '유나이트 더 라이트 랠리' 집회를 포함해 미국에서 과대 선전된 '대안우파' 시위가 여기에 해당한다. 또한, 이러한 수적 열세는 영국수호리그와 페기다의 대부분의 시위, 산발적으로 일어났으나 성공을 거두지 못한 국내 및 국제적인 수많은 시위도 해당한다. 예를 들어, 페기다가 수만 명의 지지자들을 동원한 유일한 도시인 드레스덴에서도, 반대 시위자들은 극우 지지자들의 수보다 훨씬 많거나 항상 일치했다.

반파시스트들은 다양한 방법으로 나타난다. 언론에서 그들의 이미지는 '파시즘'과 '국가'를 모두 싫어한다. 이들은 대부분 남성 무정부주의자로, 검은 옷을 입고, 젊고, 폭력적인 모습으로 등장하여 '블랙 블록black bloc'으로 불린다. 이들은 언론 보도에서 두드러지게 등장하지만 대부분 대규모 반대 시위의 일부 집단에 불과하다. 그러나 이들은 특히 더 폭력적인 극단우익 집단들에게 더 중요하게 다가온다. '블랙 블록'은 인구통계학(젊음, 남성)부터 패션(검은 후드, 전투화), 전략(대결적이고 폭력적) 측면까지 많은 점에서 그들과 거리에서 싸우는 파시스트들을 많이 닮았다. 흥미롭게도 개별적인 반파시스트와 파시스트의 관계는 서로 연락처가 있을 정도로 가까운 편이며, 이들은 시위 밖에서 소통할 때도 있다.

반파시스트 시위와 시위자들은 일반적으로 폭력적이지 않다. 모든 폭력은 주로 시위와 운동의 주변부에서 더 흔하게 일어난다. 반파시스트들 중 특히 '블랙 블록'이 일으키는 폭력은 언론의 주목을 받았다. 또한, 이들의 폭력은 지난 몇 년 동안 미국에서 보았던 것처럼 (예컨대, 캘리포니아주 버클리, 오리건주 포틀랜드) 대학 초청 연설에서부터 소규모 지역 시위에 이르기까지 주목을 받지 못했던 극우 행사를 유명 행사로 변모시키는 결과를 초래했다. 이와 관련된 잠재적인 폭력의 소용돌이뿐 아니라 이러한 공생 관계는 광범위한 반파시스트, 특히 반인종차별주의 운동에서 논쟁의 실마리를 제공했다.

▌이러한 대응이 극우에 효과가 있을까

과연 극우에 어떤 대응이 가장 효과적인지는 각국의 역사, 정치 문화, 자유민주주의와 극우 단체의 힘, 언론의 통제 및 역할 등 다양한 측면에서 객관적·주관적인 조건에 달렸다. 그러나 무엇보다도 접근 방법의 핵심 목적이 무엇인지에 달렸다. 핵심 목적은 자유민주주의가 무엇인지에 대한 이해와 연결된다. 더 구체적으로 말하면, 극우에 대응하기 위해 비민주주의를 용인해도 되는가의 문제다.

만약 극우 단체의 직접적인 영향을 최소화하는 것이 핵심 목적이라면, 금지가 가장 효과적이다. 극우 단체를 금지하는 방법에 대해 이러한 대응은 극우 회원들을 지하로 몰아넣어 테러리즘에 빠지게 만든다는 주장이 자주 등장한다. 이 주장은 대중적이기는 하지만, 이것의 경험적 증거는 아직 결론을 내리기에는 부족하다. 오직 극소수의 사람들만이 정치적 목표를 진전시키기 위해 폭력을 사용하려 한다. 이 집단은 극우 내 구성원들 사이에서 규모를 더 차지할 수도 있지만, 여전히 극소수에 불과하다. 더구나 대부분의 극우 폭력은 사전에 계획된 것이 아니라 다소 우발적으로 저질러지며, 극우 테러리스트들은 현재 활동을 금지당한 단체나 정당의 전 구성원들에게 불만을 드러내지 않고 있다.

극우 정당을 금지하는 것은 그들이 표를 얻는 것을 막고, 결과적으로 다른 정당과 잠재적으로 정책에 영향을 미치는 가장 좋은 방법이다. 그러나 이 방법은 그들이 선거의 돌파구를 얻기 전에 이루어져야 한다. 금지된 정당들은 기존의 과격한 형태 대신 좀더 대중적 이미지를 내세우며 온건한 형태로 재등장할 수 있다.

예를 들어, 2004년 유죄판결로 정치적 기능을 사실상 축소당한 뒤 플람스의이익으로 당명을 바꿔 재탄생한 플람스연합의 경우가 그러했다. 플람스의이익은 당명이나 오렌지색에서 노란색으로 바뀐 당색을 제외하면, 이념과 지도력 면에서 이전의 정당과 거의 일치했다. 물론 나중에 지지가 하락했을지 몰라도, 그들은 재등장 초기에 그들을 '반대'했던 사람들부터 이익을 얻기까지 했다.

한편, 급진우익 정당과의 대립은 적어도 그들과 선거에서 경쟁하는 가장 중요한 정당(즉, 주류 우익과 좌익)에서는 사용되지 않았다. 주류 정치인들이 급진적인 우익 지도자들과 정당들을 공격하긴 했지만, 그들은 자신들의 쟁점 입장에 대한 수용이나 유권자들의 '합법적인 불만'과 결합하여 다소 온건한 형태로 공격했다.

다시 말해서, 대립은 정말 교묘하게 벌어졌다. 녹색당과 사회 진보 정당과의 대립조차도 우익포퓰리즘에게 해만 끼치지는 않았다. 대립은 '그들'의 문제를 쟁점으로 제기할 수 있게 만들었고, 선거운동과 정치 투쟁에서 그들이 더 중심에 설 수 있게 만들었다. 마지막으로 급진적인 우익 정당과 그들의 정책은 모두 주류화되고 보편화되는 경향이 있지만, 이것은 영구적으로 이루어질 필요는 없다. 한 예로 네덜란드의 자유당은 2012년 우익 연립정부에 대한 지지를 철회한 후 다시 정치에서 배제되고 소외당했다.

시민사회단체의 배제는 적어도 한시적으로라도 극우 단체의 완전한 주류화를 제한할 수는 있다. 그러나 많은 노동조합이 발견한 것처럼 소속 조합원들이 극우 사상과 정당을 지지하는 것은 막지 못한다. 게다가, 대규모 반인종차별주의 시위는 적어도 인구의 대부분이 극우 정당을 지지하지 않는다고 일부 표적이 된 집단들에게 위로와 지지는 보냈을지 모르지만, 그러한 시위가 우익포퓰리즘의 득세를 멈추지는 못했다.

한편, 반파시스트들은 극우와의 싸움에서 어느 정도 성공했다고 볼 수는 있다. 이는 제3장에서 언급했듯이, 미국의 리처드 스펜서가 반파시스트 폭력 때문에 대학 순회 연설을 부분적으로 포기했던 사례에서 찾아볼 수 있다. 의도와는 달리, 그들은 주목받지 못하던 극우를 대중의 눈에 띄게 하여 그들의 집단과 생각에 대한 언론의 관심을 제공하는 역할을 하기도 했다.

결국, 극우에 가장 잘 대응하는 방법은 너무나 다양한 문화적·조직적 요인에 달려 있다. 고로 단 한 가지 묘책을 찾는다는 것은 어불성설이다. 네덜란드의 자유당과 같은 정당은 단 한 명의 의원만 있는 정당인 반면, 미국 주권 시민과 같은 폭력적인 하위문화가 지배하는 국가도 있으며, 오랜 기간 민족주의라는 하위문화에 깊이 뿌리를 내린 오스트리아자유당과 같은 정당 등 다양한 사례가 존재한다. 그에 맞춰 서로 각기 다른 접근법이 필요하다. 그리고 독일의 독일을위한대안과 같이 통합된 자유민주주의 체제에서 여전히 상대적으로 작은 야당이 존재하는 국가부터, 극우 대통령인 보우소나루가 집권한 브라질처럼 더 불안정한 민주주의 체제인 국가에 이르기까지, 극우에 대한 대응은 근본적으로 각기 다른 도전 과제라고 보는 것이 타당하다. 따라서 우리가 좀더 효과적인 대응을 찾고 있다면, 그 열쇠는 아마도 기존의 접근 방법에서 서로 다른 조합을 결합하는 데서 찾을 수 있다.

여타 정치 현상과 마찬가지로 극우에서도 뿌리 깊은 성차별이 존재한다. 그것은 단순하고 정형화된 형태라기보다는 훨씬 더 복잡한 방식으로 존재한다. 지금까지 우리가 파악한 극우의 이질성을 고려한다면, 그렇게 놀랄 일은 아니다. 일반적으로 남성이 극우를 장악하고 있는 것은 사실이지만, 마린 르펜과 같이 예외도 있다. 극우의 남성성에 대한 전통적 이미지는 흔히 민병대와 스킨헤드(백인 우월주의자)다. 물론 이것이 극우 조직과 그 하위문화집단의 중심에 있긴 하지만, 북유럽의 우익포퓰리즘 정당에서는 예외다.

이 장에서는 지금까지 계속 논의해온 여러 측면의 성sex과 성별gender의 중요성에 대해 살펴볼 것이다. 성과 성별을 간단히 구분하자면 성은 생물학적으로 결정되는 반면, 성별은 사회적으로 결정된다. 성은 남성과 여성, 성별은 남성성과 여성성에 관한 것이다. 성별은 사회적·계층적이고, 서로의 성에 상반되는 방식으로 구성된다. 성별에서 남성적 특성은 여성적 특성보다 더 중시되고, 남성적 특성(강함)은 여성성(약함)에 상반된다. 사회의 구성하는 다른 요소와 마찬가지로 성별 역시 하위문화와 밀접하게 연관되어 있다. 이는 남성성과 여성성이 국가별로, 그리고 한 국가에서조차도 다르게 정의된다는 것을 의미한다. 성별에 대한 정의는 교육과 이념, 종교 등 다양한 요소들에 의해 영향을 받기 때문이다.

이 장은 먼저 성별 역할에 대한 극우 내에서의 다양한 관점을 살펴보고 성차별주의의 중요성을 다룰 것이다. 그다음에는 다양한 수준(즉, 지도자와 운동가, 지지자)에서 보여주는 남성과 여성, 그 대표성의 차이와 극우 조직의 다양한 활동 유형(즉, 선거와 시위, 폭력)에서의 참여 정도의 차이를 살펴볼 것이다. 마지막으로 극우의 성공이 불러온 결과를 알아보고, 극우가 성공할 수 있었던 원인과 대응을 성별 측면에서 살펴볼 것이다.

▮ 가족주의와 여성 차별

성별(그리고 성 정체성)에 대한 극우의 견해는 무엇보다도 이민 배척주의nativism, 즉 인종적ethnically이거나, 인종racially에 대한 정의로부터 출발한다. 이념적으로는, 독일의 사회학자 안드레아스 켐퍼Andreas

Kemper는 극우를 가족주의라고 정의했다.[25] 그는 "가족주의란 전통적인 가족 구성을 국가의 토대로 보고, 특히 여성 개인의 생식권과 자기 결정권을 국가의 재생산이라는 규범적 요구에 예속시키려고 하는 생태 정치학의 한 형태"라고 정의했다.[26] 이와 유사하게, 이탈리아에 있는 동맹의 한 지부에서 국제 여성의 날을 기념하기 위해 만든 선전용 전단을 보면, 여성은 "국가의 존폐와 관련해 완수해야 할 위대한 사회적 사명"을 가지고 있다고 했다.

그러나 가족주의에 대한 해석에는 몇 가지 중요한 차이점이 있다. 대부분의 극우 조직들은 여성에 대한 전통적인 견해를 가진다. 즉, 극우에서 여성은 어머니(또는 예비 어머니)로만 정의된다. 이는 여성들이 직업을 갖지 못하고, 일도 하지 못하기 때문에 대신 국가가 전업주부와 대가족을 실질적으로 지원해야 한다는 것을 의미한다. 이로 인해, 특히 서유럽의 많은 극우 조직들은 이른바 '현대-전통주의'라는 견해를 내세운다. 이에 따라 여성의 맞벌이를 용인하고 그에 대한 지원은 해주지만, 이러한 여성의 사회 진출은 자녀 양육이 끝난 후에나 바람직하다고 여긴다.

---

25 A. Kemper, *Foundation of the Nation: How Political Parties and Movements Are Radicalising Others in Favour of Conservative Family Values and Against Tolerance*, Diversity, and Progressive Gender Politics in Europe, Friedrich Ebert Stiftung, 2016.
26 W. Grzebalska and A. Peto, "The Gendered Modus Operandi of the Illiberal Transformation in Hungary and Poland," *Women Studies International Forum*, 68, 2019, pp. 164~172(p. 167).

한편, 북유럽의 많은 우익포퓰리즘 정당에서는 여성의 권리를 공개적으로 장려하고, 모성을 우선순위로 두지 않는다는 점에서 극우에서 말하는 현대-전통주의라고 정의하기 어렵다. 그들 나라에서는 이미 양성평등이 이루어졌다는 극우의 주장은 적어도 각국의 정치적 맥락 안에서만 본다면 상대적으로 보수적인 관점을 배신하는 것처럼 보인다.

전통적으로 극우는 주로 온정적 성차별주의benevolent sexism를 표방한다. 이 관점에서는 여성을 도덕적으로 순수하고 육체적으로 약하다고 본다. (좋은) 여성은 남성을 떠받들어야 하며, 남성과의 이성애를 통해 국가나 인종의 정수인 가족을 완성하는 역할에 충실해야 한다는 것이다. 이것은 또한 여성들이 (진정한) 남성에 의해 보호받아야 한다는 것을 의미한다. 이러한 관점은 신나치 테러 단체의 창립 멤버 중 한 사람이 말한 "열네 단어Fourteen Words"[백인 우월주의자들이 즐겨 사용하는 열네 단어로 만든 구호를 의미한다−옮긴이 주]에서도 암시적으로 나타나 있다. 그는 "우리는 우리 민족의 존재와 백인 아이들의 미래를 확보해야 한다"라고 말한 뒤, 그 뒤에 열네 단어를 덧붙였다. "백인 여성의 아름다움이 이 땅에서 사라져서는 안 되기 때문이다."

이러한 사례는 극우에서 가지고 있는 여성성과 남성성에 대한 견해가 매우 전통적임을 의미한다. 극우에서 진짜 남성은 '그들의' 여성을 보호해야 하는 존재다. 그들은 되도록 육체적인 노동에 종사해야 하고, 공격적이어야 하며, 근육질이어야 한다. 정상적인 가정은 이성애적이고 남성 중심적으로 구성된다. 여성은 가정에서 남성의 권위를 세워주거나 재정적인 측면을 담당하는 특정한 도덕적 무게를 짊어진다. 이로써 여성은 남성의 공격적이고 심지어 동물적이기까지 한 부분을 보완하는 역할을 한다. 그러나 무엇보다도 극우에서는 여성을 국가의 자궁이며 아이들의 어머니로서, 도덕적·육체적으로 다음 세대를 양육해내는 책임이 있다고 본다.

최근에는 극우, 특히 온라인에서 활동하는 극우 조직에서 적대적 성차별주의hostile sexism가 더욱 노골적으로 드러나는 추세다. 적대적 성차별주의는 여성을 성적으로 대상화하고 비하한다. 이들은 여성이 페미니즘 사상이나 성적 유혹을 통해 남성을 지배하려 한다고 본다. 전통적인 온정적 성차별주의가 여성을 도덕적으로 순수하고 신체적으로 약하다고 본다면, 적대적 성차별주의는 여성을 도덕적으로 부패하고 정치적으로 강력하다고 본다. 극우 내에서 적대적 성차별주의가 점점 더 부상하는 이유는, 부분적으로는 반페미니스트적 관점에서 남성에 대한 내용을 게시하는 온라인 웹사이트(manosphere)와 대안우파 사이의 강한 유착관계와 관련이 있다.

적대적 성차별주의는 게이머(예컨대, 게이머게이트[비디오 게임문화의 성차별주의에 대한 논쟁-옮긴이 주])로부터 인셀(비자발적인 금욕주의자)과 픽업 아티스트(여성을 유혹하는 기술을 가르치는 남성)에 이르기까지 온라인 하위 커뮤니티 내에 널리 퍼져 있으며, 여기서는 성폭력에 대한 환상이 희화되어 공개적으로 논의된다. 적대적 성차별주의는 여기에서 그치지 않고 정당 정치에도 진출했다. 예를 들어, 네덜란드 민주주의 포럼의 당수인 티에리 바우뎃은 여성이 남성들에게 압도당하고 지배당하기를 원한다고 주장하는 픽업 아티스트 줄리안 블랑크Julian Blanc의 의견에 동조한다.

온정적 성차별주의와 적대적 성차별주의는 여성성뿐 아니라 남성성에 대해서도 다르게 정의한다. 자비로운 성차별주의에서 정의하는 남성은 육체적으로 강하고 근육질이며 힘이 세고 여성에게 위협받지 않는다. 반면, 적대적 성차별주의에서는 남성들이 암묵적으로나 정치적으로, 명시적이고 육체적인 위협을 받지 않아도 여성이 남성을 위협한다고 생각한다. 이러한 시각은 특정 온라인 커뮤니티에서 남성을 전통적 남성인 '알파 남성'과, 신체적으로 약하고 여성에게 매력이 없는 '베타 남성'으로 나누고 자신들을 후자라고 인식하는 것에서 잘 드러난다. 이는 남성성을 폭력과 성, 지위, 공격성으로 정의하는 유해한 남성성toxic masculinity과 여성을 증오하는 여성 혐오misogyny, 이 두 개념과 밀접하게 연관되어 있는데, 이들의 주장이 온라인은 물론 오프라인에도 널리 퍼져 있다.

대부분의 극우 단체들은 온정적 성차별주의와 적대적 성차별주의의 요소들을 결합한 형태를 취한다. 이를 일반적으로 양가적 성차별주의ambivalent sexism라고 지칭한다. 온라인에서 '대안우파' 단체들은 주로 적대적 성차별주의를 표방한다. 그러나 서유럽의 우익포퓰리즘 정당들의 경우, 이슬람교도 이민 옹호자, 레즈비언, 페미니스트 등 자신들의 성차별적 이상에 부응하지 못하는 여성들에게 당원들이 적대적 성차별주의를 표방할지라도, 그들의 공식 선전에서는 자비로운 성차별주의를 주로 내세운다.

성별에 대한 관점이나 성차별주의의 형태와 상관없이, 사실상 모든 극우 조직은 현대 페미니즘을 부정적으로 본다. 많은 북유럽 급진 우익 정당들이 초창기 페미니스트에 대해서는 긍정적으로 말하고 있지만, 페미니즘이 '너무 멀리' 갔고 더는 필요하지 않다고 주장한다. 그들이 그렇게 주장하는 이유는 비록 지금은 이슬람 이민자들에게 위협받고 있긴 하지만, 이미 양성평등이 이루어졌다고 생각하기 때문이다. 북유럽 이외의 국가에서는 대부분의 극우 단체들뿐 아니라 많은 보수 단체들도 페미니스트들을 "전체주의의 새로운 형태"를 강요함으로써 사회를 통제하고자 하는 편협하고 억압적인 집단인 일명 '페미나치feminazis'라고 비판한다.

　페미니즘은 동성애와 마찬가지로 많은 극우 단체에서는 국가에 대한 치명적인 위협으로 여겨진다. 이러한 시각에는 두 가지 주장이 밀접하게 합쳐져 있다. 첫째, 페미니즘이 전통 가정을 훼손하고 그로 인해 '국가'의 생존을 위협한다고 주장하는 경우다. 이는 급격한 출산율 저하에 직면한 동유럽 국가의 극우 조직들이 주로 내세우는 주장이다. 둘째, 페미니즘은 국가 문화와 이질적이며, 심지어 조지 소로스와 같은 외국인(주로 유대인)들이 국가를 전복시키기 위한 '무기'로 사용한다는 주장이다.

　극우는 국가, 특히 여성에 대한 또 다른 주요 위협을 '외국인' 남성으로 간주한다. 극우적 선전에는 이슬람교도와 백인이 아닌 남성들을 동물적이고 성욕 과잉인 포식자로 보는, 서구 사회의 오래된 인종차별적 고정관념을 보여주는 이미지와 거짓으로 과장된 이야기로 가득 찼다. 더구나 이것은 페모내셔널리즘femonationalism(페미니즘적 주제를 반이슬람 캠페인과 반이민 캠페인에 이용하고 '양성평등' 수사를 이용해 이슬람 남성들을 지탄하고 낙인찍는 것에 페미니스트들이 동참하는 것)과 맞물려 여성과 여성의 권리가 이슬람의 '침략'과 '글로벌 이슬람 세력'의 위협을 받고 있다는 주장으로 이어진다. 마린 르펜은 2016년 1월, 프랑스 일간지《로피니옹L'Opinion》에 "이주 위기가 여성 인권의 종식을 알리는 신호탄이 될까 두렵다"고 기고했다. 극우는 점점 더 '자국의' 여성들을 선전의 주요 대상으로 삼으며, 극우만이 유럽의 '이슬람화'에 대한 유일한 방어책이라고 주장한다.

이와 비슷하게, 많은 극우 단체들은 국가의 핵심인 이성애 가정을 위협한다고 여겨지는 '동성애 의제'를 반대하며, 확고하게 동성애를 혐오한다. 2018년 폴란드 대법원이 인쇄소와의 거래를 거부당한 LGBTQ 단체의 손을 들어준 사건이 발생했다. 법과정의 소속의 법무부 장관은 "이번 사건에서 대법원은 자유에 반하는 발언을 했고, 동성애 운동가들의 이념을 강요하는 등 국가가 압제자 역할을 했다"라고 맞섰다.

이외에도 다양한 극우 지도자들이 동성애 혐오 발언을 쏟아냈다. 브라질의 보우소나루 대통령은 만약 아들이 동성애자라면 그를 사랑할 수 없으며 차라리 아들이 사고로 죽는 편이 더 낫겠다고 말했으며, 프랑스의 장 마리 르펜은 2016년 일간지《르 피가로Le Figaro》와의 인터뷰에서 이렇게 말했다.

동성애자들은 수프에 뿌린 소금과 같습니다. 모자라면 좀 싱겁고, 너무 많으면 먹을 수 없습니다.

그러나 점점 더 많은 서유럽의 급진우익 단체들과 정당들이 동성애와 동성애자들을 받아들인다. 영국의 영국수호리그나 독일의 독일을위한대안과 같은 몇몇 극우 단체들은 그들의 LGBTQ 회원들을 위한 비공식 단체들을 보유하고 있고, 심지어 AfD의 공동 지도자인 알리체 바이델과 같이 공개적으로 동성애자를 지도자로 둔 몇몇 단체들도 있다. 이 단체들은 동성애자를 이슬람 혐오 선전을 위한 새로운 유권자로 여긴다. 영국수호리그나 네덜란드의 자유당과 같은 단체들은 이른바 호모내셔널리즘Homonationalism을 옹호하면서 "자국 문화의 일부"로 정의된 LGBTQ 권리가 이슬람의 이민으로부터 위협받고 있으며, 극우가 그들을 보호할 수 있는 유일한 권리라고 주장한다. 영국독립당의 지도자 후보였던 앤 마리 워터스는 트위터에 다음과 같은 글을 올리기도 했다.

저는 제 자유를 소중히 여기는 여성 동성애자입니다. 저를 믿으십시오. 이슬람은 저를 해치려고 합니다.

▌ 남성성 과잉

비록 전형적인 극우 지도자가 존재한다고 할지라도, 극우의 지도자들은 남성적이고 심지어 남성성 과잉hyper-masculine(제3장 참조)이기까지 했다. 그러나 21세기 유럽의 우익포퓰리즘 정당들에서는 이 고정 관념을 충족시키는 지도자는 거의 없다. 여성이 지도자가 되거나, 남성이더라도 남성성에 대한 전통적인 관념을 따르지 않게 된 것이다.

물론 장 마리 르펜이나 자이르 보우소나루 같은 나이든 남성 지도자들처럼 정형화된 '정치 군인'의 이미지를 내세우는 경우도 있다. 그러나 헝가리의 보너 가보르Vona Gabor(Jobbik), 벨기에의 톰 판 흐리컨Tom Van Grieken(VB) 같은 젊은 극우 남성 지도자들은 이상적인 학생이나 사위처럼 부드러운 이미지를 내세운다. 인터뷰에서도 분노하고 호전적인 모습보다는 인내심이 강하고 웃는 모습을 주로 보인다.

아마도 새로운 남성 극우주의자의 가장 대표적인 예를 들자면, 임미 오케손을 꼽을 수 있다. 그는 2014년 과도한 업무로 인한 탈진을 막기 위해 몇 달 동안 스웨덴민주당의 지도자 자리에서 물러나기도 했다. 그와 마찬가지로, 주류 언론들이 그의 패션 감각에 대해 정기적으로 보도하는 미국의 '대안우파' 지도자 리처드 스펜서가 있다. 진보 성향의 미국의 잡지 《마더 존스Mother Jones》는 그를 "생각을 명료하게 표현하며, 축구 선수처럼 잘 차려입고, 프롬 킹과 같은 멋진 외모와 파쉬(파시즘을 뜻하는) 헤어스타일을 했다"라고 묘사하면서, 그가 폭력적 충돌에 대해 공개적으로 경멸감을 표명했다는 글을 실었다.

또 극우 단체나 정당 내에서도 주도적으로 활약하는 여성들이 점점 더 많아졌다. 알리체 바이델(AfD), 조르자 멜로니Giorgia Meloni(이탈리아의 형제당), 폴린 핸슨(ONP), 피아 키에르스고르(DF), 프라우케 페트리Frauke Petry(AfD), 마린 르펜(RN) 등 몇몇 우익포퓰리즘 정당들은 여성 지도자들이 이끌고 있다. 다른 단체와 정당에서도 바바라 파스Barbara Pas(VB)과 막달레나 마르툴로-블로허Magdalena Martullo-Blocher(SVP)와 같은 여성들이 리더십을 발휘한다. 대부분의 급진적 극우 포퓰리즘 정당은 여성 당원의 수가 미미하지만, 당의 총 의석수가 증가하면 여성 당원의 비율이 함께 올라가며, 다른 소규모의 우익 정당에서도 이와 유사한 모습을 보였다.

우익포퓰리즘 정당들은 주로 보수 정당의 성 편견과 성 역할에 대한 관점을 반영한다. 그러므로 많은 극우 단체들과 하위문화들은 보수 정당의 비극우적이고 비정치적인 특징과도 상당히 동질성을 보인다. 예를 들어, '파시스트'와 '반파시스트' 집단의 사회-인구 통계학과 극우적이고 비정치적인 스킨헤드를 비교해보면, 둘 다 대부분 청년층과 남성이라는 점에서 동질성이 있다.

그러나 극우만의 특성은 극우의 회원과 유권자 사이의 성별에 따른 격차에서 드러난다. 이 격차는 대개 대략 6(남성)대 4(여성) 정도로 구성된다. 따라서 우익포퓰리즘 정당들은 녹색당(비례적으로 여성의 지지도가 높음)을 제외하면, 다른 정당들보다 성별 격차가 훨씬 크게 나타난다. 이와는 대조적으로, 기독교민주주의Christian democracy면서 보수적인 조직이나 정당들은 남성 구성원이나 지지자들보다 여성이 약간 더 많다. 부분적인 원인은 여성이 남성보다 수명이 더 길고, 종교를 더 많이 믿는 경향이 있기 때문이다.

여성들은 투표뿐 아니라, 시위나 특히 무력을 사용하는 측면에서도 극우에서 대표성이 떨어진다. 특히 영국수호리그, 페기다와 같은 이슬람 혐오 집단에서 벌이는 대규모 시위는 다수의 여성 참가자가 참여하기도 하지만, 극우 단체에 의한 대부분의 소규모 시위는 거의 전적으로 남성들이 주축을 이룬다.

여성들도 극우의 정치적 폭력에 가담하기는 한다. 이것은 특히 일반적이고 자발적인 인종 차별의 형태로 드러나기는 하지만, 유죄 판결까지 간 가해자의 성별은 대부분 남성이다. 또한, 테러 공격을 포함한 거의 모든 계획적인 극우의 폭력은 '외로운 늑대(단독범)'인 남성이나 소규모 남성 집단에 의해 자행된다. 예외로 독일의 국가사회주의지하조직의 경우 살인에는 관여하지 않았다고 밝혀졌으나, 핵심 3인조 중 한 명이 여성이었다.

▎ 전통적인 성 역할의 강요

최근까지만 해도 우익포퓰리즘 정당들은 더 넓은 우익 정부에서 기껏해야 후순위 연립 정당에 불과했다. 따라서 극우 통치에서의 성별 영향은 어떨지 거의 파악할 수 없었다. 극우는 자주 그들의 (현대적이면서) 전통적인 성별에 대한 관점을 지배적·주류적인 우익 연합 파트너들과 공유했다. 결과적으로, 극우는 다른 보수적인 정부들과 차별화된 모습은 보이지 않았다. 그러나 제4의 물결에서, 점점 더 많은 우익포퓰리즘 정당들이 집권함에 따라 빠르게 변화가 찾아왔다.

헝가리의 급진우익 총리 오르반 빅토르는 새 헌법에 가족주의를 포함했다. 새 헌법에서는 가족이 "국가의 생존 토대"라고 명시하고, 국가에서 "여성과 남성의 결합으로서의 결혼 제도를 보호해야 한다"

라고 명시했다. 마찬가지로 폴란드의 법과정의 정부도 이성애 가족을 '정부 정책'의 핵심인 '가족 주류화' 정책을 채택했다.[27]

극우는 상대적으로 국고보조금 지급과 같은 전통적인 성 역할을 촉진하는 정책에는 관대하지만, 임신중절 합법과 같은 정책은 반대한다. 또한 '반역자' 또는 '초국가적 로비의 대리인'으로 여겨지는 페미니즘(또는 동성애)을 옹호하는 단체와 개인에게 공격성을 드러낸다. 헝가리와 폴란드의 우익포퓰리즘 정부는 이들의 사무실을 습격하고 관련 운동가들을 체포했을 뿐 아니라, 세금을 더 부과하는 법안을 제정해 여성 인권 NGO들을 적극적으로 압박하려고 했다.

놀랄 것도 없이, 많은 극우 단체들뿐 아니라 많은 보수 단체들이 성별 연구를 연구 분야의 목표로 삼은 적이 있다. 이들은 성별 연구를 전통적인 가족 구조를 훼손하는 "유사 과학"이라고 치부했다. 2018년 오르반 정부는 헝가리의 성별 연구 프로그램을 금지하면서 "인간은 남성이나 여성 중 어느 한쪽으로 태어나기 마련이고, 우리는 생물학적 성별이 아닌 사회적으로 구성된 성별에 관해 이야기하는 것을 받아들일 수 없다"고 공표했다. 이와 동시에, 최근 민영화된 코르비누스대학교는 국가의 재정적 지원을 기대하며, 정부의 가족 주류화 의제를 반영한 '인적 발전을 위한 가족 정책과 공공 정책에 대한 경제학'이라는 프로그램을 추진했다.

---

27 앞의 책, 168쪽.

이와 비슷하게, 극우 정부에서는 LGTBQ 공동체의 입장과 권리를 훼손하기도 했다. 취임 몇 시간 만에, 동성애 혐오 발언으로 오랫동안 논란거리가 된 브라질의 보우소나루 대통령은 인권부의 우려를 묵살하고 극단적 보수주의자ultraconservative인 다마레스 알베스Damares Alves 목사를 여성·가족·인권·원주민 담당 장관으로 임명했다. 알베스는 LGTBQ의 이념을 반영한 다양성 정책이 브라질 가정을 위협했으며, 새 정부하에서는 "브라질 어린이와 청소년에게 이념적 가르침"은 없을 것이라고 주장하며 이렇게 말했다.

"소녀들은 공주로 자라고, 소년들은 왕자로 클 것입니다."

이러한 극우의 정책들과 견해는 대부분 기존의 공화당 정책과도 대체로 일치한다. 트럼프 대통령보다 마이크 펜스 부통령이 이러한 면에서는 좀더 우선순위에 있다고 보지만, 트럼프 정부에서 추진한 것도 적지 않다.

그러나 극우 세력은 의회 밖의 사회적 규범에도 영향을 미친다. 전통적으로 극우의 폭력은 강력하게 진압되었다. 극우는 자비로운 성차별주의와 남성성에 전통적인 견해로 일관하면서, 강한 남성이 약한 여성을 신체적으로 폭력하는 것에는 눈살을 찌푸렸다. 그 결과, 극우 폭력의 가해자들은 대다수가 남성이었고, 그들의 피해자들도 마찬가지로 남성이 대다수를 차지했다.

여기서 분명한 점은, '가정 폭력'과 성폭력이 우익포퓰리즘의 주요 구성원들 사이에서 심각한 문제라는 점을 고려한다면, 남성 대 남성의 폭력은 오로지 '정치적 폭력'에만 적용된다는 점이다. 미국의

TV 프로그램인 〈액세스 할리우드Access Hollywood〉에 등장한 트럼프를 포함하여, 우익포퓰리즘 정당의 주요 인사나 극우 남성(및 여성)은 종종 자국 여성에 대한 언어적·신체적 공격에도 자주 관여한다. 많은 신나치주의자와 백인 민족주의 단체에서 인종 혼합race mixing과 연관된 자국 여성은 백인집단학살white genocide에 가담했다고 여기기 때문이다.

적대적 성차별주의가 여성을 정치적으로 강력하다고 간주한다는 점에서 여성에 대한 남성의 폭력은 그들에게 수용 가능해졌고, 빈도 역시 증가했다. 이것은 특히 언어적 폭력으로 이루어졌으나, 점점 더 물리적 폭력도 증가하는 추세다. 예를 들어, 많은 '대안우파' 온라인 커뮤니티에서 특히 언어적 폭력은 그들의 여성 혐오에 관한 잣대를 충족하지 못하는 여성들에게 쏟아진다. 더 최근에는 여성들이 극우 인셀 남성에게 신체적 폭력의 주요 표적이 되었다.

2014년 캘리포니아주 이즐라 비스타에서 22세의 한 남성이 6명을 살해하고 14명에게 중상을 입힌 뒤 자살한 사건이 벌어졌다. 범인은 자신을 '최고의 신사'라고 지칭하며 범죄를 저지르기 몇 시간 전 141쪽 분량의 문서를 온라인에 배포하여, 여성에 대한 뿌리 깊은 혐오감과 자신의 성적 순결에 대한 강렬한 좌절감을 표현했다. 이 사건은 그를 온라인 극우 및 인셀 커뮤니티 내의 영웅으로 만들었을 뿐만 아니라, 2018년 캐나다 토론토와 플로리다 탈라하시에서의 공격들을 포함하여, 몇몇 다른 여성 혐오자들의 공격에도 치명적인 영향을 미쳤다.

┃ '약한 여성의 옹호자'라는 이미지

역설적으로, 남성은 극우에서 과대하게 대표되지만, 극우 내 성별에 대한 거의 모든 연구는 여성에 중점을 둔다. 마찬가지로 전통적인 성 역할과 (온정적인 혹은 적대적인) 성차별주의가 여성들이 극우를 덜 지지하는 이유로는 자주 언급된다. 반면에 남성들이 극우를 강하게 지지하는 이유로는 덜 언급되고, 상세하게 설명되지도 않는다. 그러나, 이러한 원인은 여성이 극우를 지지하지 않는 것을 설명하는 것보다 남성을 극우로 끌어들이는 데 더 큰 역할을 한다고 설명하는 근거로 활용할 때 더 합리적이다. 결국, 이러한 원인은 백인(또는 국가에서의 주요 인종) 이성애 남성의 우월성을 믿는 극우의 또 다른 이념적 특징들과 합쳐진다.

마찬가지로, 극우의 남성적 이미지는 지지자들과 반대자들 모두가 비슷하게 묘사한다. 그리고 그 이미지는 남성들, 특히 덜 교육받은 노년층 남성들에게 매력적으로 다가간다. 그들과 비슷한 특성을 가진 여성들도 전통적인 성 관념을 가지고 있지만, 극우의 남성적인 이미지가 여성들이 극우에서 활동하도록 유인하지는 못한다. 더구나, 극우와 폭력의 결탁은 많은 여성에게 혐오감을 불러일으킨다. 반대로 특정 부류의 남성들은 끌어들이는데, 극단우익 단체는 반파시스트들과의 폭력적인 대립 과정에서 강화되는 전우애를 원하는 젊은이들에게 매력적으로 느껴진다.

대부분의 극우 단체들은 주로 여성보다는 남성이 정치적으로 활동하는 것을 선호한다. 즉 "우리의 존재와 백인의 미래를 보장하라"

라고 주장하는 것은 남성들의 몫으로 여겨진다. 극우 단체들은 활동적이고 강한 남성이 수동적이고 약한 여성의 옹호자라고 본다. 일부 선전에서는 '외국인' 남성들에 의해 '그들의' 여성들이 살인과 성폭력으로부터 보호받지 못한다고 공격함으로써 남성들을 동원하려 하고, 심지어 극우 단체 소속의 일부 여성들은 아직 활동에 참여하지 않은 남성들이 (여성적인) 수동성을 가지고 있어 (남성적인) 투쟁을 벌이지 않는다고 지적함으로써 수치심을 느끼게 만드는 방식으로 그들을 유인한다. 우익포퓰리즘 정당들 역시 이와 상당히 유사한 메시지를 좀더 교묘하고 덜 폭력적인 방식으로 대중에게 전달한다.

극우의 세계관에서 남성이 정치적으로 적극적인 것은 당연하다. 이러한 관점은 일반적으로 여성에게는 적용하지 않는다. 극우 여성들은 모성애 측면에서 자신들의 정치적 활동성을 정당화한다. 그들은 "내 아이들의 미래에 대한 두려움" 때문에 극우 조직의 일원이 되었다고 주장한다. 심지어 몇몇 여성 극우 지도자들조차도 이 전통적인 비유를 따른다. 세라 페일린Sarah Palin은 2008년 미국 대통령 선거 유세에서 자신을 '하키 맘hockey mom(자식 교육에 열정적인 엄마)'이라고 내세웠고, 폴린 핸슨은 1998년 "호주는 내 집이고, 호주 국민은 내 자식"이라며 자신을 조국의 어머니로 칭했다. 또한, 극우 여성들은 마지못해 정치에 뛰어든 경우가 더 많을 뿐 아니라, 본인이 우연한 기회에 정치에 입문하게 되었다고 주장한다. 유럽, 극우 단체 및 정당 활동가들과의 인터뷰를 보면, 거의 모든 남성들이 본인의 신념에 따라 활동하기 위해 극우를 의식적으로 선택했다고 주장하는 반면, 상당수의 극우 여성들은 극우를 선택하게 된 이유를 친척 때문이라고 말하거나, 어쩌다가 우연히 그 운동에 참여하게 되었다고 주장했다.

자애로운 성차별이 여성들에게 어머니로서 극우에서 목소리를 낼 기회를 만들어주듯, 적대적인 성차별은 그들이 생각하는 이상적인 여성성을 충족시키는 여성들에게 기회를 제공한다. 미국의 라나 록테프(웹사이트와 TV 방송국 '레드 아이스Red Ice' 출신)나 캐나다의 로렌 서던(캐나다의 극우 미디어 웹사이트 '레벨 미디어Rebel Media' 출신) 같은 온라인에서 활약하는 '대안우파' 스타들은 북유럽의 아름다운 백인 미녀라는 이미지를 통해 극우의 메시지를 전달하는 젊은 활동가들이다. 마찬가지로, 록테프의 스웨덴인 남편 헨릭 팜그렌Henrik Palmgren과 그의 동포인 마르쿠스 폴린Marcus Folin은 신화 속 북유럽 바이킹의 전통적인 남성성을 내세운다.

당연히, 주류 우익 단체와 정당에 대한 여성의 지지가 높다는 점을 감안한다면, 극우의 성차별은 여성들이 남성보다 훨씬 저조하게 극우를 지지하게 되는 주된 이유라고 할 수 없다. 여성들이 남성보다 덜 이민 배척주의적이거나, 덜 권위주의적이거나, 소외 집단들과 "자연스러운" 결속력을 가지고 있다는 일반적인 편견도 이유가 될 수 없다. 많은 설문 조사에 따르면, 일반적으로 여성들도 범죄·이민·테러리즘에 대한 견해는 남성들과 대체로 유사하다. 결과적으로, 여성들이 극우 정당을 지지하는 경우는 이민에 대한 반대와 이민자들이 일으키는 범죄와 불안정에 대한 우려 때문이다. 즉, 여성은 남성과 같은 이유로 극우를 지지한다.

여성 유권자들을 남성 유권자들과 차별화하는 것은 그들의 낮은 정치적 자신감(효능성)과 극우의 폭력에 대한 훨씬 낮은 내성이다. 거의 모든 국가의 문화나 하위문화에서 극우는 주로 행동, 외양(의상과 상징), 또는 선정적인 언론 보도 등 주로 폭력과 관련성이 높다. 전후의 많은 시대에는 비폭력적인 우익포퓰리즘조차 이념적·사회적으로 용납되지 못해 정치적 주류 밖에서만 논의되었다. 결국, 많은 여성들이 권위주의적이고 이민 배척주의적인 견해를 가진다고 해도, 극우처럼 폭력과의 연관성이 있고 사회적으로 용납될 수 없는 단체를 지지할 만큼 정치적 자신감이 높지 않기 때문에, 극우 단체와 정당을 지지하지 않는 것이다.

그러나 이러한 점은 변하고 있다. 여성들은 점점 남성들만큼 정치적으로 자신감을 가지기 시작했다. 더구나 제4의 물결 동안, 극우, 특히 우익포퓰리즘이 점점 주류를 이루며 보편화되었다. 많은 우익포퓰리즘 단체들과 정당들은 부드러운 색깔과 상징, 일반적으로 통용되는 의상과 패션, 그리고 더 유명한 여성들을 내세움으로써 그들의 이미지를 '연화'시켰다.

가장 좋은 예가 마린 르펜의 탈악마화de-demonization 전략이다. 마린 르펜은 그녀가 이끄는 정당의 극우적 이념은 간신히 누그러뜨리는 데 그쳤지만, 대신 전략적으로 정당의 이미지를 더 '여성적'이고 '더 부드럽게' 바꾸었다. 예를 들어, 2017년 대선 당시 그녀는 아버지의 극단적·폭력적인 오명으로부터 자신을 분리하기 위해 자신의 이름인 마린만을 사용했으며, 당의 상징 역시 파시스트 색채가 강한 불꽃보다는 장미를 사용했다.

물론 극우 단체들의 더 '여성적'인 이미지가 초래하는 위험도 있다. 여성적인 이미지는 극우에 다소 느슨하게 헌신할 수 있는 여성들을 더 많이 끌어들일 수는 있다. 하지만 극우의 '남성적' 이미지 때문에 극우에 매력을 느끼고 훨씬 더 열정적으로 헌신할 수 있는 남성들의 지지율은 떨어뜨린다. 이러한 위험은 특히 스킨헤드나 신나치단체와 같은 소규모 극단우익 단체들에 해당한다. 이 단체의 대부분은 남성 회원들을 위한 (정치적인) 정당이라기보다는 (범죄) 집단으로서 역할을 할 때가 많기 때문이다.

여성과 남성이 극우 단체에 가입하려는 동기가 부분적으로 다른 점이나, 우익포퓰리즘 정당에 투표하지 않는 이유를 고려한다면 극우에 대한 대응에는 성인지적 관점gender perspective이 무엇보다 중요하다. 예를 들어, 극우의 폭력적인 특징을 강조하면 여성들이 극우에 참여하는 것을 막을 수 있지만, 그것은 특정 부류의 남성들이 더 열심히 극우에 참여하게 만드는 역효과가 나타난다.

이와 유사하게, 일부 연구에서는 극우 폭력 피해자들의 세밀하고 개인적인 경험을 밝혀 이민 배척주의와 인종차별주의를 자기 자신과 연관시키는 개인화가 소녀와 여성에게는 매우 효과적인 방법이었지만, 소년과 남성에게는 덜 효과적이라는 것을 밝혀냈다. 그리고 극우 활동가들을 위한 탈출 프로그램들은 남성성에 대한 극우의 전통적인 해석을 유지하되, 유해한 남성성은 제외하고 소년들과 남성들에게 매력적으로 느껴질 만한 대안 활동과 단체가 무엇일지를 고려해야 한다.

마지막으로, 그러한 프로그램들은 이제까지 백인 우월주의에 가려 대부분 주목을 받지 못했지만, 극우에서 남성 우월주의의 근거가 되는 그들이 가진 불안감과 과거에 대한 향수를 집중적으로 조명해야 한다.

나는 이 짧은 책을 현대 극우를 특징짓는 중요한 현상들에 대해 함축적으로 설명하고 있는 12개의 명제로 마무리할까 한다. 이 명제들은 21세기 초반에 나타나기 시작한 전후 극우 제4의 물결을 특징짓는 현상들로서 20세기 후반 제3의 물결과는 다른 정치적 맥락을 보인다. 제4의 물결에서의 극우는 적어도 이념적 측면에서는 제3의 물결에서의 모습과 거의 동일하지만, 그것이 작동하는 정치적 맥락은 크게 다르다. 이러한 변화는 극우 그 자체의 변화뿐 아니라, 더 중요하게는 그 영향권 밖에서 일어나는 모든 행위와 변화 때문에 야기되었다.

▎극우는 대단히 이질적이다

우리는 종종 극우에 대해서 마치 그것이 하나의 동질적 실체인 양 다룬다. 하지만 극우는 하나의 동질적 실체라기보다는 여러 이질적 개념이다. 여러 요인, 특히 가장 중요하게는 서로 다른 이념에 따라 극도로 이질성을 띤다. 예를 들어, 반민주적인 극단우익과 반자유민주적인 급진우익은 그 성격이 판이하게 다르다. 극우 활동가들은 대개 여러 조직과 활동에 참여한다. 한 조직에만 머무르지 않고 다양한 조직(예컨대 정당이나 사회운동조직, 하위문화 등)에서 다양한 활동(예컨대 선거나 시위, 폭력 등)을 펼쳐 나간다. 일부 조직들은 국제적으로 활동하지만, 대부분은 한 국가 혹은 지역에서 활동하고 심지어 특정 지역에서만 활동하기도 한다. 더욱이 극우 이념의 유형과 조직의 유형이 반드시 일 대 일로 연결되는 것은 아니다. 그 예로 황금새벽당과 같은 극단우익 정당과 페기다와 같은 급진우익 단체가 있다.

극우에서 가장 주목받는 우익포퓰리즘 정당들 사이에서도 그 차이는 적어도 그들의 유사성만큼이나 뚜렷하다. 정당은 연식과 선거에서 성공한 경험, 역사와 유산, 리더십, 조직, 정치적 상관성political relevance 등의 측면에서 차이를 보인다. 포르투갈의 국민혁신당Portuguese National Renovator Party처럼 극단극우 정당이면서 선거에서는 한 번도 성공해본 적이 없는 제대로 조직되지 않은 정당도 있지만, 프랑스의 국민연합이나 인도인민당과 같이 자국에서 가장 성공한 정당 중 하나로 꼽힐 정도로 잘 조직된 정당도 있다. 이처럼 성공한 정당에는 스웨덴민주당처럼 극단극우 성향의 정당도 있고, 헝가리의 피데스나 스위스인민당과 같이 개혁보수 성향의 정당도 있다.

▌ 우익포퓰리즘이 주류가 되다

극단우익은 정치적으로 대부분 한계가 뚜렷하고, 지지율이 낮다. 반면에 우익포퓰리즘은 대부분의 서구 민주주의 국가에서 주류 정당이 되었다. 그 이유는 우익포퓰리즘 정당과 기존의 주류 정당들이 점점 더 유사한 쟁점을 다루기 때문이다. 이러한 변화는 우익포퓰리즘 정당의 중도화나 주류 정당의 급진화, 혹은 양쪽이 서로 수렴되는 동시적 변화 때문에 야기되었다.

제3의 물결이 시작되었을 때, 우익포퓰리즘 정당은 범죄나 이민 같은 사회·문화적 문제를 주로 다루는 '틈새정당niche parties'으로만 여겨졌다. 그들과 대조적으로 주류 정당들은 주로 세금이나 실업과 같은 사회·경제적 쟁점을 다뤘다. 하지만 지난 20여 년 동안, 사회·문화적 문제들은 정치적 의제로 부각되었다. 미국이나 호주뿐 아니라 대부분의 유럽 국가에서 정치적 논쟁은 사회·문화적 문제와 이른바 '정체성 정치identity politics'에 의해 지배된다. 여기에는 백인 우월주의를 바탕으로 점차 증가하고 있는 유색인종과 종교 및 소수 집단들의 정치적 참여에 대한 다소 노골적인 방어가 깔려 있다. 결과적으로, 사회·문화적 문제는 이제 더는 비주류(틈새)가 아니다. 최소한 그들의 선거 운동에서는 사회·경제적 문제보다 사회·문화적 문제를 우선시한다. 오늘날에는 오히려 사회·경제적 쟁점들이 비주류(틈새)가 되었다고 봐도 무방할 것이다.

이제 주류 정당과 우익포퓰리즘 정당은 같은 쟁점을 다룰 뿐 아니라, 점점 더 유사한 쟁점을 이슈화한다. 연구 결과에 따르면, 이는 우익포퓰리즘이 중도화되었다기보다는 주류 정당들이 급진화되었기 때문이다. 실제로 최근 몇십 년 동안, 우익포퓰리즘 정당들은 정부를 구성할 때조차 중도화된 모습은 거의 보이지 않았다. 반면, 주류 정당들은 이민과 통합, 법과 질서, 유럽 통합(더 일반적으로는 국제 협력 등), 그리고 포퓰리즘의 측면에서 더 급진적(우익포퓰리즘)으로 나아갔다.

테러나 이민과 같은 사회·문화적 쟁점이 점점 중요시되고, 주류 정당들이 급진화되어가는 현상은 분명 지하드 테러나 이른바 '난민 위기'와 같은 구체적인 정치적 사건들과 연관이 있다. 하지만 우리는 이러한 사건들이 정치적으로 이용당했다는 것을 기억해야 한다. 예를 들어, 2015년 유럽에 1백만 명 이상의 망명자들이 유입된 것은 국가의 주권이나 문화에 대한 위협이 아닌, 인도주의적 비극으로 논의되어야 하는 문제였다. 예전에도 많은 주류 정당들이 우익포퓰리즘의 프레임과 정책을 채택한 바 있으나, 지금은 이러한 현상이 더 두드러진다. 그리고 이러한 현상은 현대 정치에 커다란 영향을 미쳤다.

사회·문화적 문제가 정치적 의제를 장악하고, 주류 정당들은 급진우익의 쟁점을 점점 더 많이 채택한다. 이로 인해 우익포퓰리즘 정당들은 선거에서 유리한 고지를 차지할 뿐 아니라 큰 정치적 영향력을 행사한다. 실제로 영국과 프랑스, 체코와 같은 일부 국가에서는 이민과 통합 정책에서 영향력을 행사하기 위해 극우 정당이 (공식적으로) 정부를 구성할 필요조차 없다. 이제 우익포퓰리즘 정당들은 거의 모든 나라에서 평균적으로 세 번째로 큰 정치적 소수 정당이 되었다는 점을 기억할 필요가 있다.

▌극우대중주의 정치는 더는 우익포퓰리즘 정당만의 것이 아니다

주류화로 인해 우익포퓰리즘 정치는 더는 우익포퓰리즘 정당에 국한되지 않는다. 제3의 물결에서 우익포퓰리즘에서만 쏟아지던 발언들이 제4의 물결에서는 '상식'으로 받아들여진다. 이러한 변화는 비교적 온건하게 시작되었다. 예를 들어, (당시) 프랑스의 니콜라 사르코지 대통령이나 독일의 앙겔라 메르켈 총리와 같은 주류 지도자들은 다문화주의가 실패했다고 말했다. 또한, (당시) 체코의 바츨라프 클라우스 대통령과 네덜란드의 마크 루테Mark Rutte 총리는 유럽의 통합이 너무 지나쳤으며, EU가 회원국의 민주주의에 위협을 가하는 "희생물을 요구하는 관료괴물bureaucratic moloch"이 되었다고 비난했다. 미국에서는 트럼프 대통령에 의해 백악관으로 발탁되기 전까지 테드 크루즈Ted Cruz 텍사스 상원의원을 비롯한 공화당 내 (신)보수주의자 세력들이 UN에 대한 극우음모론(그리고 '신新 세계질서'로 추정되는 음모론)을 퍼트렸다.

하지만 2015년의 이른바 '난민 위기'와 지하드 테러 공격에 대한 수십 년간의 권위주의적·배척적이었던 대응은 담론뿐 아니라 정책적으로도 많은 변화를 가져왔다. 중유럽과 동유럽의 많은 정치 지도자들은 '난민 위기'를 이슬람의 침략에 비유했다. 심지어 일부는 자국 내에 있는 모든 이슬람교도를 감시해야 한다는 논지를 펼쳤다. 미국 공화당 소속의 주지사 대다수는 '이슬람교도 금지'를 지지했다. 그리고 호주나 슬로베니아처럼 극우 야당이 없는 나라에서는 주류 (우익) 정당에서 강한 이민 배척주의 정책을 펼쳤다. 실제로 호주의 강력한 반난민정책은 유럽 전역의 우익포퓰리즘 정당에도 영향을 주었다.

▌ 경계선이 점점 모호해지다

우익포퓰리즘의 주류화는 정당과 정책의 분리를 가져왔고, 주류(우익) 정당과 우익포퓰리즘 정당의 경계가 점점 더 모호해지는 결과를 초래했다. 예를 들어, 제3의 물결 당시 중도 우익이었던 대중운동연합Union for a Popular Movement과 국민전선과 비교하면, 제4의 물결에서 프랑스의 공화당과 국민연합의 차이는 미미하다. 마찬가지로, 극우의 어떤 특성이 이스라엘의 리쿠드당이나 미국의 공화당과 같은 정당들은 주류로 만들고, 덴마크의 덴마크인민당이나 노르웨이의 진보당과 같은 정당들은 우익포퓰리즘 정당으로 남게 하는지 그 기준이 점점 흐려졌다. 이러한 변화는 크로아티아의 민주연합, 라트비아의 국민연합, 또는 슬로베니아의 민주당과 같이 동유럽의 정당에서 더욱 두드러지게 나타난다.

도덕적·정치적으로나 중요한 문제인 만큼, 학문적·대중적으로도 공개적 자리에서 논의되어야 할 것이다. 지난 수십 년 동안 극우는 점차 수면으로 올라왔지만, 여전히 부도덕하고 사회에서 소외된 집단이라는 이미지가 강하다. 이는 곧 주류 정당들은 우익포퓰리즘을 표방하지 않았고, 우익포퓰리즘적인 정책을 채택하지 않았음을 의미한다. 또한, 암묵적으로 자유민주주의에 대한 유일한 도전이 정치 주류에서 발생한 것이 아니고, 외부에서 온 것이라고 추정해왔음을 의미한다. 그러므로 그 경계선의 붕괴는 더는 묵과할 수 없는 사실이다.

좌익(프랑스의 올랑드Hollande 정부와 이탈리아의 렌지Renzi 정부)을 포함한 주류 정당들이 제안하고, 실제 시행된 많은 이민 관련 정책들은 제3의 물결에서 우익포퓰리즘 정당들이 독점적으로 제안한 정책들과 사실상 일치한다. 주류 정당들이 기회주의적인 이유로 그러한 정책들을 채택했는지, 아니면 진정 이념적으로 우경화한 것인지는 크게 상관없다. 이제 주류 정당들은 권위주의적·토착주의적·포퓰리즘적인 극우의 세계관에 빠졌다.

▌우익포퓰리즘이 점점 일반화되다

주류 정당과 우익포퓰리즘 정당의 경계선이 점점 더 모호해짐에 따라, 우익포퓰리즘은 점점 일반화되어갔다. 분명한 것은 급진우익은 일반화되는 쪽으로 변화하고 있지만, 극단우익은 여전히 대부분 지지를 얻지 못하고 있다는 사실이다. 예를 들어, 브라질의 보우소나루 대통령은 공개적으로 군사정부를 세우려고 하면서, 미국의 트럼프 대통령은 미국의 샬러츠빌에서 일어난 '대안우파' 시위를 옹호하면서 비난을 받았다. 물론 세계 최대의 정당인 인도인민당에는 힌두교 극단주의자와 폭력적 집단을 포함하는 힌두주의적 하위문화집단의 일부분이 포함되어 있다. 하지만 대부분의 경우, 정치적 주류 내에서 극단우익에 대한 지지의 목소리를 내는 경우는 거의 없으며, 목소리를 내더라도 여전히 광범위한 반대의 벽에 부딪힌다.

이와는 대조적으로, 우익포퓰리즘 정당들과 특히 그들의 이념은 언론과 경제, 시민사회, 정치권에 의해 점점 더 용인되고 받아들여진다. 이는 2016년 영국의 브렉시트와 트럼프의 당선을 계기로 새로운 국면에 도달했다. 이는 포퓰리즘적인 이야기 속에서 틀에 박힌 '서민층 지지자'라는 이미지로 이어졌다. 서민들("어디에서나")은 그들과 접촉이 없는 엘리트("어디에서든지")들로 인해 정치적으로 피해를 입는 것처럼 묘사되었다. 이 이미지는 단순히 우익 언론, 특히 영국과 미국 앵글로색슨 국가의 머독Murdoch(호주의 미디어 재벌 루퍼트 머독) 소유의 언론뿐 아니라, 진보 언론에서도 열렬히 환영받았다. 이는 서민 계층에 대한 지원을 줄여야 한다는 우익포퓰리즘의 노선을 제외한다면, 서민층을 백인과 이민 배척주의자로 단순화하는 문제를 불러일으켰다.

우익포퓰리즘을 지지하는 표심이 급진우익에 대한 유권자의 지지라기보다는 항의라는 주장은 1980년대 초 제3의 물결이 시작되면서부터 나왔다. 제3의 물결에서는 유권자들이 극우에 속아 넘어가 마치 잘못 인도된 것으로 받아들여졌지만, 제4의 물결에서는 점점 더 그들의 주장이 상식의 목소리로 받아들여지고 있다는 점에서 이 둘은 구분된다. 포퓰리즘적인 표현에서 보면, '대중(극우 표층)'은

'순수'하고 '도덕적'이고, '엘리트(모든 주류 정당)'는 '부패'하고 '지배
적'이다. 이 주장이 (아직까지) 지배적인 견해이며, 학계 내부 보수와
진보 양쪽에 심각한 공격을 가했다는 사실은 명백하다.

극단우익은 정상적 병리 상태이며, 우익포퓰리즘은 병리학적 정상 상태다

전후 대부분의 시기 동안 극우는 서구 민주주의의 '정상적 병리'로,
즉 근대 민주주의와 이념적으로 무관하며 소수 집단에게만 지지를
받는 전근대적인 현상이었다. 실제로 이른바 '정상적 병리' 이론은
기껏해야 부분적으로만 사실이었다. 전반적으로, 인종차별주의와
비민주주의 체제에 대한 지지는 실제로 대부분의 국가에서는 소수
에 불과했다. 그것은 극단우익의 경우에도 마찬가지다.

반면, 우익포퓰리즘은 훨씬 병리학적으로 정상 상태, 즉 완전한 다
원성과 다수까지는 아니더라도 어느 정도 규모의 집단이 지지하는
주류 가치의 급진화에 가깝다. 오스트리아에서 미국에 이르기까지,
브라질에서 인도에 이르기까지 여러 나라에서 실시한 설문조사에
따르면 이들 나라 인구의 대부분이 권위주의적·토착주의적·포퓰리
즘적인 태도를 가지고 있다는 것이 밝혀졌다. 더욱이 이러한 태도는
반체제 정서와 같은 주류 사상과 가치관, 국가와 법질서 정책에 대한
지지와 분명히 관련이 있다. 이는 서구 민주국가의 국민 대다수가 급
진우익의 포퓰리즘을 지지한다거나, 주류와 우익포퓰리즘의 이념
간에 큰 차이가 없다는 말이 아니다. 우익포퓰리즘은 정치적 주류와

는 근본적으로 다른 세계를 의미하지 않는다. 오히려 주류 사상과 그 가치가 자유민주주의를 제한하고 있다고 몰아붙인다.

| 우익포퓰리즘의 상승은 해체보다는
| 재정렬에 대한 것이다

녹색당과 새로운 좌익 정당들이 서유럽과 북미의 정치 체제에 침투하고 있을 때, 정치학자들은 우리가 해체와 재정렬의 과정을 경험하고 있다고 주장했다. 즉 기성 정당과의 낡은 유대를 끊는 것(해체)뿐 아니라, 녹색당과 새로운 좌익 정당(재정렬)과의 새로운 유대를 맺는 과정이라는 것이다. 이와 비슷하게, 많은 시사평론가들은 백인 노동자 계층이 우익포퓰리즘(재정렬)과 사회민주주의(해체)를 교환했다고 주장했다.

1990년대에 특히 국민전선과 오스트리아자유당 등 우익포퓰리즘에 대한 유권자들의 충성도가 현저히 높았지만, 2000년대 초반에 그들은 충성도를 크게 잃었다. 그리고 극우 정당들이 그 이후 다시 돌아왔음에도, 기껏해야 부분적으로 재정렬되었다. 2017년 프랑스 대선 1차 투표에서 마린 르펜 후보에게 투표한 유권자 중 절반 이상이 두 달 뒤 열린 국회의원 선거에서 국민전선에 투표하지 않았다.

이것은 특히 중유럽과 동유럽의 다른 대부분의 급진우익 정당들의 경우에서 찾아볼 수 있었다. 최소한 당분간은 국가 자원을 사용하여 지지 기반을 유지할 수 있었던 헝가리와 폴란드의 급진우익 정당들을 제외한다면, 그들에 대한 지지는 매우 휘발성이 강하다는 사실이 드러났다. 이러한 해체와 재정렬을 겪은 우익포퓰리즘 정당들이 가까운 장래에 선거에서 변방으로 다시 물러나더라도(그러나 그럴 가능성은 희박하다), 당 체제는 다시 처음의 안정된 모습으로 돌아갈 수는 없다.

▍극우의 성 차이 현상은 복잡하고 다면적이다

모든 정치 현상과 마찬가지로 극우도 성 차이가 있지만, 이는 복잡하고 다면적인 성격을 띤다. 대부분의 극우는 양면성을 띠는 성차별주의자다. 즉, 자애로운 성차별과 적대적인 성차별의 양면이 결합되어 있다. 그들은 '그들의' 여성을 그들 식의 평가대에 올려놓고, 온정적 성차별주의에 순응하지 않는 여자들(재생산이나 성적인 측면에서)이나 그들의 이민 배척주의 또는 인종차별적 규범(그들의 문화나 그들의 '인종' 이외의 연애를 통해)에 맞게 행동하지 않는 여성들을 적대시한다. 극우에서 남성성에 대한 인식은 연약한 여성의 강력한 보호자가 될 것으로 기대되는 전통적인 해석이 우세하다. 반면 독립적이고 "자기 의견을 고집하는" 여성들에게 정신적·성적인 불만을 제기하는 유해한 남성성이 특히 극우 및 관련 온라인 커뮤니티 '비자발적 순결주의자(incels)'와 '반페미니스트적 남성 중심 온라인 웹사이트(manosphere)'에서 점점 더 두드러지게 나타난다. 더 나아가 유해한 남성성은 극우가 주도하는 정치적 폭력 사태에서 여성을 주된 공격의 대상으로 삼기도 한다.

거의 모든 극우 단체들은 가족주의를 내세우는데, 이러한 가족주의는 여성을 국가·인종의 생존에 필수적인 존재, 즉 어머니의 역할을 수행하는 존재로만 인식한다. 그 외에도, 극우에서의 성 규범은 대부분 문화적으로 결정된다. 거의 모든 극우 단체들은 자국의 문화적인 맥락 안에서 좀더 전통적인 성 규범을 가지고 있다. 일하는 여성을 지지하고 낙태와 이혼을 받아들이는 북유럽 극우단체의 성 차이에 대한 현대-전통적 견해는 많은 남부 국가들에서 진보적인 것으로 간주되며, 이는 여성의 역할을 어머니의 역할로만 보는 대부분의 극우단체들의 전통적인 견해와 근본적으로 대립한다.

이외에도, 극우의 선전은 페모내셔널리즘, 즉 페미니즘적 주제들(여성인권과 반성폭력)을 반이슬람 캠페인과 반이민 캠페인에 이용하고, 성평등의 이름하에 이슬람 남성들을 지탄하고 낙인찍는 식으로 페미니스트들을 끌어들인다. 즉, 여성과 페미니스트적 논쟁(성평등과 같은)을 이민 배척주의, 특히 이슬람 혐오증을 지지하는 데 사용한다. 여성(및 소녀)은 연약한 존재이며, '외국인(국내 또는 외국의)'에 의해 위협받고 있고, '그들(남성)'의 보호에 의존해야만 하는 존재로 묘사한다.

극우가 성평등과 여성의 권리를 옹호하는 것은, 여성 혐오주의적인 이슬람에 대해서 성평등주의적인 '서구'와 비교·대조한 것이다. 극우가 성평등이 이뤄졌다고 주장하는 것을 보면, 북유럽의 우익포퓰리즘조차 여성 할당제를 "진정성이 없는 형식주의tokenism"로 여기고 거부하면서 성평등 정책에 반대표를 던진다. 이는 '진정한 여성'이 평등을 지키기 위해 국가의 도움을 필요로 하지 않기 때문이라고 주장한다. 권력을 놓고 대부분의 극우 정당들에서는 페미니스트 집단을 약화시키고, 성 주류화를 무시하거나 반대하며, 대신 가족주의를 우익의 근간으로 두고 이를 보조하여 장려하려는 모습을 보인다. 극우는 여전히 지도자들, 구성원들, 유권자들 구성 측면에서 남성 위주이며, 지극히 남성적인 현상으로 인식된다. 이것은 특히 소규모 극우단체에서 두드러지며, 일종의 전우애, 폭력적인 이미지와 관행은 남성 중 특정 하위집합들을 끌어들이는 동시에 대부분의 여성들을 배척한다. 하지만 이제 이런 상황이 바뀌었다. 여성 극우 지도자들은 점점 더 늘어나고 있으며, 대중의 주목을 받고, 극우에서의 전통적인 이미지에도 부응하지 않는다.

이러한 변화는 프랑스의 극우 지도자 마린 르펜에게서 찾아볼 수 있다. 그리고 스웨덴의 임미 오케손이나 벨기에의 톰 밴 그리에켄과 같은 점점 더 많은 남성 지도자의 사례에서도 극우에서의 전통적인 남성의 이미지가 깨지고 있다. 일반적으로 여성들은 폭력에 대한 거부감이 크고, 그 결과 극우 단체에서 활동하는 여성의 수가 적은 이유가 단체의 폭력성 때문이라는 점을 감안하면, 이러한 지도력의 변화와 극우 세력의 주류화, 그리고 '연화軟化' 현상은 우익포퓰리즘 정당들에게 여전히 잠재적 유권자인 여성들의 관심을 끌 수 있는 기회가 되었다.

▎극우 정치에 면역력을 갖고 있는 나라는 없다

오랫동안 우리는 특정 국가나 사회가 극우 정치에 면역력이 있다고 믿어왔다. 미국인과 영국인은 그들의 나라는 절대 극우가 정치에 나타날 수 없다고 주장했는데, 본래부터 민주주의 국가였고, 이미 20세기 초에 파시스트의 유혹을 뿌리쳤기 때문이다. 네덜란드인과 스웨덴인은 그들의 사회가 너무 자유주의적이어서 우익포퓰리즘 정당들이 절대 뿌리를 내릴 수 없다고 믿었다. 그리고 많은 사람들은 독일에서는 홀로코스트 트라우마와 사람들에게 깊은 인상을 남긴 독일의 과거 극복(역사를 다루는 방식, Vergangenheitsbewältigung)에 의해 큰 영향을 받았기 때문에 극우 세력은 민주주의 내에서 대중의 지지를 결코 회복할 수 없다고 믿었다. 이와 비슷하게, 평론가들은 스페인의 우익 독재주의자였던 프랑코 정권에 대한(생생한) 기억이 우익포퓰리즘 정당의 부재를 설명했다고 오랫동안 주장했다.

우리는 이제 이러한 믿음이 잘못되었다는 것을 알게 되었다. 그리고 비록 캐나다나 포르투갈처럼 아직까지는 극우 정당이 성공을 거두지 못한 나라들이 있다고 해도, 이것은 수요 문제라기보다는 공급의 문제일 뿐이다. 이러한 나라들은 우익포퓰리즘 정치가 이루어질 수 있는 비옥한 번식지를 이미 가지고 있다. 아직까지는 단지 각국의 특정한 정치적 맥락에서 우익포퓰리즘 정당이나 정치 기업가들이 나타나지 않았을 뿐이다. 일례로, 스페인에서는 이러한 변화가 급작스럽게 일어났다. 스페인의 극우 정당인 복스가 나타나기 전 몇몇 극우 정당들이 있었으나, 정치적으로 성공하지는 못했다. 그러나 복스는 카탈루냐 지방의 분리 독립을 둘러싸고 고조된 긴장 상황에서 기존의 다수 정당이었던 보수 대중당 내부의 대규모 부패 스캔들까지

터지면서 단기간에 선거에서 성공했을 뿐 아니라, 정치적 주도권을 가져올 수 있었다.

▍극우는 여기 머물러 있어야 한다

극우는 여기 머물러 있어야만 한다. 이것은 심지어 없어져야 할 것처럼 여겨지는 극단우익도 마찬가지다. 극우는 파시스트 운동과 그것에 영향을 주었던 정권이 1945년 이후 몰락했어도 살아남았다. 분명한 것은 극단우익 정당이나 정치인들이 정치권으로 복귀하고 있다는 조짐은 거의 없다. 어떤 민주주의 국가보다 바이마르 공화국의 모습을 더 닮았을 그리스에서도, 신나치정당인 황금새벽당은 약 5~7퍼센트의 현저하게 낮은 득표율을 보인다.

그렇긴 하지만, 최근 극단적 극우 운동가들과 그들의 이념은 세계에서 가장 영향력 있는 두 사람, 즉 브라질의 보우소나루 대통령(군사독재)과 미국의 트럼프 대통령(샬러츠빌의 '극보수주의' 시위자들)으로부터 찬사를 받았다. 게다가, 반유대주의와 인종차별주의는 전통적인 미디어에서는 암묵적으로, 소셜미디어에서 좀더 노골적으로 정치적 논쟁의 중심에 다시 등장했다.

게다가 극단우익에서 언어적·물리적인 폭력이 모두 뚜렷하게 증가했다. 그로 인해 많은 플랫폼에서 극단우익이 발생할 수 있는 가상 공간을 감시하는 방안을 느리지만 꾸준하게 강화했다. 극우 운동가들과 (익명의) 선동꾼들Trolls이 저지르는 폭력의 위협은 소셜미디어에서 흔하다. 이들의 언어적 폭력과 물리적 폭력은 모두 '난민 위기'의 여파로 폭발했고, 극우를 지지하는 것으로 여겨지는 '외국인'과 '자국민' 모두에 대한 모욕과 폭력으로 이어졌다. 지난 수십 년 동안 지하드 테러리즘의 공포 때문에 (또 다른) 국내에서 벌어질 수 있는 테러 위협에 대해서, 현재 많은 나라들이 점점 증가하는 극우의 테러 위협을 경고한다. 지금까지, 대부분의 주요 공격은 개인 공격자들에 의해 저질러진 게 사실이다. 그러나 이러한 개인조차도 더 큰 가상의 극우 공동체와 밀접하게 연결되어 있었다.

비록 그것이 근본적으로 급진적인 방식일지라도 주류의 가치와도 관련이 있다. 최근 이들의 성공이 구조적 변화와 연결되어 있고, 현재 중요시되는 쟁점들을 다룬다는 점 때문에 우익포퓰리즘이 선거나 정치에서 정점에 도달했다고 가정할 필요까진 없다. 그러나 사회에서 우익포퓰리즘 사상에 대한 지지는 비교적 안정적이지만, 많은 우익포퓰리즘 정당은 여전히 매우 불안한 지지층을 가지고 있다. 이는 그들의 쟁점의 중심이 더 광범위한 정치적 맥락에 달려 있고, 이는 시간과 공간마다 다르기 때문이다. 결국 정치는 무엇보다도 세계적이라기보다는, 지역적이라고 봐야 한다.

장기적으로 볼 때 우익포퓰리즘은 심각한 도전에 직면했다. 문화·경제·정치적 통합과 관련된 주요 쟁점들이 앞으로도 계속 이어질 것이다. 그러나 사회는 빠르게 변화하고 있으며, 더욱 다양해지고 다양성을 더 많이 받아들이고 있다. 미국은 향후 수십 년 안에 소수민족이 인구의 대다수를 이루는 국가가 될 것으로 예상된다. 대부분의 유럽 국가들은 미국의 사례까지는 아니지만, 유럽의 주요 도시 중 몇몇은 그렇지도 않다. 게다가, 현재 많은 우익포퓰리즘 정당들이 지리적으로 주변에 위치했던 지역(농촌)의 피해의식을 이용해 이익을 얻고 있다.

그러나 많은 국가에서 농촌 인구가 감소하고 점차 고령화되고 있어 대부분의 국가에서는 여전히 도시화가 진행되고 있다. 조사에 따르면 젊은 세대 및 도시에 거주하는 인구는 다문화로 변화하는 현실을 훨씬 긍정적으로 수용한다. 그들은 우익포퓰리즘 사상과 정당을 지지할 가능성이 낮다. 하지만 청년층이 노년층보다 훨씬 투표율이 낮기 때문에, 주류 정치인들은 계속해서 전자(청년층)보다 후자(노년층)를 더 지지층으로 끌어들일 정책을 내놓을 가능성이 크다.

▌극우에 대응하는 가장 좋은 한 가지 방법은 없다

극우의 스펙트럼이 매우 다양하다는 점을 감안할 때, 이들을 대응하는 가장 좋은 한 가지 방법은 없다. 우선 폭력적인 집단은 비폭력적인 집단과는 다른 전략을 요구한다. 주로 극단우익인 폭력적인 집단을 다루는 것은 주로 법 집행이 쟁점으로 다뤄진다. 대부분의 나라들은 이미 국가 기구에 필요한 법률과 충분한 인력을 보유하고 있다. 다만 극우의 위협을 인정하고, 그들을 다루기 위해 그들을 억압하는 자원을 사용하려는 의지가 부족할 뿐이다.

중요한 것은, 지나친 인권 침해와 과도한 무력의 사용은 격렬한 반발을 불러일으킬 뿐 아니라, 자유민주주의를 약화시켜 지금 극우라는 병을 앓고 있는 것보다 더 상황을 악화시킬 수 있다. 그렇기 때문에 폭력적인 극우단체와 개인을 대응할 때에도 자유민주주의의 한계 내에서만 싸워야 한다.

두 번째로, 비폭력적인 극우 사상과 집단은 주로 교육 및 정치적 시책으로 대응해야 한다. 극단우익은 훨씬 더 대중적인 우익포퓰리즘보다 훨씬 도전 기회가 적다. 이는 순수한 배제도, 순수한 포용도 아니다. 전자(극단우익)는 자유민주주의의 공간을 제한하고, 후자(급진우익)는 자유민주주의를 내부에서 약화시킨다. 어떤 사람들은 최선의 접근법이 두 집단을 혼합하는 대응, 즉 새로운 회원의 선출과 같은 그들 집단을 배제하되 그들의 쟁점은 포함하는 대응이 효과적이라고 주장한다. 그러나 벨기에와 프랑스와 같은 나라에서 이 접근법이 우익포퓰리즘의 성장을 막는 데 거의 도움이 되지 않는 것으로 드러났다. 또한, 극우의 쟁점과 정책은 현재 주류 정당에 의해서 추진되고 있는 것을 감안한다면 생각보다 훨씬 극우의 영향력은 크다.

극우는 지역적·국가적 조건의 산물이기 때문에, 그 문제를 대처하는 최선의 방법은 항상 이러한 조건에 맞추어 개별적으로 개발되어야 한다. 예를 들어, 해당 국가의 극우가 1인당(네덜란드의 자유당)이나 대중정당(BJP) 중에 어느 쪽인지 여부는 대응책을 구성할 때 중요한 영향을 미친다. 마찬가지로 대통령제 외에도 의회에서, 또는 야당이나 (연합) 정부에서 극우는 또 다른 형태의 위협을 가한다. 그렇다고 해서 다른 나라, 혹은 지역에 이미 있는 대응책을 다시 만드느라 쓸데없이 시간을 낭비할 필요는 없다. 우리는 서로에게서 배울 수 있고, 심지어 대륙의 경계를 넘어서도 배울 수 있다. 그러나 궁극적으로는 극우를 막는 데 성공하려면 지역적이거나 또는 국가적인 전략을 세워야 한다.

▌자유민주주의를 강화하는 데 중점을 둬야 한다

극우에 대한 모든 대응의 궁극적인 목표는 자유민주주의의 강화다. 간단히 말해서 극우와 싸우는 것이 반드시 자유민주주의를 강화하는 것은 아니지만, 자유민주주의를 강화하는 것은 극우를 약화시키는 방법이 된다. 물론 이 명제는 항상 인정되는 것은 아니다. 만약 극우에 대응하기 위해 언론의 자유나 시위권을 제한한다면, 일차적으로 극우 운동가들의 민주적인 권리가 침해당한다. 그뿐 아니라 일반적으로 누려야 할 권리들까지 훼손당하며, 결국 자유민주주의 체제를 약화시키는 역효과가 일어난다. 한 집단을 겨냥한 억압적 조치가 나중에는 급진적이거나 극우적이지도 않은 일부 집단을 포함한 다른 집단까지 억압하게 만든다는 사실은 불을 보듯 뻔하다.

이 짧은 책에 자유민주주의 강화에 필요한 전략을 많이 싣기는 어렵다. 하지만 적어도 몇 가지 지침할 만한 원칙은 제안할 수 있다.

첫째, 우리는 왜 자유민주주의가 현재 최고의 정치체제인지, 그리고 자유민주주의가 모든 이들의 불만을 어떻게 보호하는지를 더 잘 파악해야 한다. 그러기 위해서 우리가 자유민주주의의 본질, 특히 다수결의 원칙과 소수파의 권리 사이의 간극을 더 잘 알고, 더 명확하게 정의할 필요가 있다.

둘째, 우리는 자유민주주의 안의 수많은 이념(예를 들면 기독교 민주주의자, 보수주의자, 녹색당원, 자유주의자, 사회적 민주주의자)을 바탕으로 긍정적인 정치적 대안을 개발하고 전파해야 한다.

셋째, 우리는 극우의 것이 아닌 우리 스스로의 정치적 의제와 정치 프로그램을 재확보해야 한다. 극우의 쟁점이나 정치를 따르기보다는 자신의 이념을 바탕으로 자신의 입장을 확보해야 한다. 물론, 이러한 입장을 확보하려면 현재 극우(범죄, 부패, 이민 등)와 관련된 어떤 중요한 쟁점도 배제하지는 말아야 한다.

넷째, 우리는 중요한 극우의 문제에 직면하기 전에 어떤 협력과 입장이 자유민주주의 가치와 일치하는지 분명한 기준을 설정해야 한다. 우리가 자유민주주의를 믿어야만, 그것을 지킬 수 있음을 명심해야 한다.

감사의 말

일평생 연구자로 활동해오면서, 나는 감사하게도 극단주의와 민주주의를 연구하는 여러 훌륭한 동료들과 친구들로부터 많은 지원을 받는 행운을 누렸다. 기존의 내 연구보다 훨씬 넓은 범위의 주제와 지역을 다룬 이 책을 위해서도 많은 이들에게 의견을 구했는데, 모두 기꺼이 이에 응해주었다. 오렐리엔 몬돈Aurelien Mondon과 카테리나 프리오Caterina Froio, 크리스토발 로비나 칼트워서Christobal Rovira Kaltwasser, 신시아 밀러-아이드리스Cynthia Miller-Idriss, 던컨 맥도넬Duncan McDonnell, 조지 홀리George Hawley, 얀-베어너 뮐러Jan-Werner Muller, 캐슬린 블리Kathleen Blee, 레오니 드 종Leonie de Jonge, 매튜 펠드먼Matthew Feldman, 우베 백스Uwe Backes. 기꺼이 이 책의 초고를 읽고 그들의 생각을 공유해준 고마운 이들이다. 더 많은 이들이 있지만, 지면 제약 때문에 여기에 다 싣지는 못했다.

특별히 네 분에게 감사의 인사를 전하고 싶다. 알렉스 디브랑코Alex DiBranco는 나중에 추가된 제9장 성별에 관한 내용을 읽고 일주일 만에 중요한 피드백을 주었다. 나에게 늘 영감을 주는 아내 메리안 갤러거Maryann Gallagher 또한 제9장을 읽고 내가 다시 생각을 정리하고 그 초고를 재정비할 수 있도록 도와주었다. 대학원생인 제이콥 원드레이스Jakub Wondreys는 내 연구를 보조하며 연대기와 용어집을 만드는 데 힘을 보탰다. 이 책의 초고를 모두 읽고 피드백을 주기도 했다. 그가 준 모든 도움에 깊은 감사의 뜻을 전하며, 하루 빨리 그가 작성한 학위논문을 검토하게 되기를 희망한다. 마지막으로, 다른 출판사에서 출판될 원고임에도, 눈코 뜰 새 없이 바쁜 와중에도 시간을 내어 전체 원고를 읽고 훌륭한 피드백을 제공해주었던 친구이자 출판업자인 크레이그 파울리Craig Fowlie에게 감사를 보낸다. 그가 해준 조언은 아마도 구구절절 옳은 얘기일 것이다. 스카우스 억양[28]은 너무 독특해서 알아듣기가 힘드니 말이다.

나는 전에도 몇 권의 책을 썼는데, 그중에는 순수하게 학술적인 책도, 비학술적인 책도 있다. 대개의 경우, 나는 아이디어는 꽤 빨리 떠올리는 편이지만, 그 아이디어를 책으로 만드는 데까지는 (매우) 오랜 시간이 걸린다. 이 책은 정반대였다. 공개강연을 할 때면 너무 길거나 학술적이지 않고 쉽게 읽을 수 있는 짧은 책을 추천해달라는 질문을 자주 받는다. 그런 질문을 받을 때마다 나는 집에 들어가면서 어떤 책을 쓸지 곱씹는데, 이 책을 쓰기로 결심하기까지 자그마치 10

---

28 머지사이드 카운티에서 사용하는 사투리로 액센트가 매우 독특해 영국인들조차 알아듣기 힘들어하는 것으로 유명하다. 친구이자 출판업자인 크레이그 파울리가 아마도 이 지역 출신인 듯하다.

년이 걸렸다. 그러나 일단 이 아이디어를 가지고 폴리티 출판사를 접촉하고 나니 가족들과 시간을 보내면서도, 강의나 수업, 회의를 하면서도, 심지어 여행을 가서도 계속 글을 쓸 수 있었고, 마치 저절로 쓰여진 것 마냥 책이 금방 완성되었다. 이 책에 대한 익명의 심사자 세 분에게도 그들의 건설적이고 고무적인 리뷰에 감사의 말을 전하고 싶다. 폴리티의 편집자 루이즈 나이트Louise Knight와 소피 라이트 Sophie Wright의 빠르고 실용적인 편집 스타일에도 감사드린다. 이 책을 내면서, 폴리티가 정말로 이 책과 완벽하게 궁합이 맞는 출판사라는 걸 다시금 확인할 수 있었다.

옮긴이의 말

이 책은 21세기 미국과 유럽 여러 나라의 정치행태를 통해서 좌·우익의 활동과 그 과정을 살펴봄으로써 독자들에게 새로운 희망을 선물한다. 2016년 11월 미국 대통령으로 당선된 트럼프가 취임연설에서 밝힌 희망의 메시지를 시작으로 우익 정치세력이 어떤 모습으로 정책을 펼쳐나가려고 했는가를 체계적으로 검토하고 있다. 저자가 이 책을 마무리한 시점인 2019년 5월에 이르러서는 전 세계적으로 가장 인구가 많은 미국과 브라질, 인도 등 세 국가에서 우익 성향의 정부가 들어섰으며, 유럽연합에 속한 폴란드와 헝가리에서도 우익 성향의 정당이 다수당으로 등장했다. 덴마크와 영국도 우익 성향의 정당이 지지자가 늘어나는 등 많은 국가가 우익 성향으로 그 모습을 바꿔가고 있다.

이러한 조짐의 시작은 1990년대에 들어서면서 소련과 동유럽의 공산주의 국가가 붕괴하면서부터인데, 이로써 좌·우익의 대립 구도에 큰 변화가 생겨나기 시작했다. 그 뒤, 1999년 10월 오스트리아의 의회 선거에서 극우 민족주의 성향의 오스트리아자유당이 26.9퍼센트의 득표로 2위에 오르면서 우익세력의 성장세를 가져왔다.

2002년에 치러진 프랑스 대선에서도 극우정당 국민전선의 장 마리 르펜Jean-Marie Le Pen이 16.9퍼센트의 표를 얻음으로써 좌익성향의 유권자들을 크게 긴장시켰다. 또한 2017년 대선에서는 그의 막내딸 마린 르펜Marine Le Pen이 선전하면서 프랑스 유권자들을 크게 놀라게 했다. 그는 프랑스의 EU 탈퇴를 공식적으로 선언하고 반이민, 반난민 정책을 주장했는데, 이를 통해 우익포퓰리즘 현상에 힘을 싣게 되었으며 유럽을 넘어 전 세계적으로 극우 정치세력을 주류로 끌어올리는 결과를 가져왔다.

저자는 이러한 일련의 현상을 전후 극우세력의 제3의 물결(1945~2000)과 제4의 물결(2000년 이후)이라 이름하고, 특히 제4의 물결에 관해 관심을 가지고 이 책을 집필했다. 과거 30여 년에 걸쳐 학계에서 수행된 연구결과를 소주제별('차례' 참조)로 10가지 장으로 구분해 이해하기 쉽게 풀어 요약하고 있어서 일반 독자 누구나 손쉽게 읽을 수 있다.

이 책을 이해하기 위한 전제는 좌·우익 구별에 관한 논의다. 좌익은 평등을 계속해서 확대해 나가려는 반면, 우익은 현존하는 불평등을 불가피한 사회현상으로 인정한다. 좌익은 사회경제적 측면에서 적극적인 국가의 개입을 지지한다면, 우익은 주로 자유시장을 지지하는 보수적 성향이 강하다. 따라서 좌익과 우익은 때로는 진보와 보수로 불리기도 한다. 그렇다고 좌익이 언제나 진보적인 것은 아니다. 이 책에서는 이른바 보수주의나 자유주의와 같은 '주류' 우익이 아닌 자유민주주의에 적대적인 '반체제anti-system' 성향의 우익에 대해 다루고 있다. 이를 '극우'라고 부르는데, 강력한 법과 질서의 확보를 핵심으로 하고 있으며, 대개 비종교적 집단으로 존재한다. 조직의 유형은 다양하지만 주로 정당의 형태로, 민주주의 체제에서 가장 중요한 정치행태라 할 수 있는 선거를 통해 활동한다.

나는 이 책을 번역하면서 가능한 한 저자의 저술 취지를 살리고, 독자가 이해할 수 있도록 전문용어를 쉽게 풀어쓰면서 그 내용을 세계사적 관점, 그리고 우리나라 정치 현실과 접목해보려고 노력했다. 독자들이 이 책을 읽고 우익 정치세력이 21세기에 어떻게 등장했는지를 파악하고, 우리나라 정치가 어떤 방향으로 자리 잡아가고 있는지에 관해서도 고민해보았으면 하는 바람을 가져본다.

정치란 정치인들의 전유물에 그쳐서는 안 된다. 또한, 특정 계층의 이익을 위한 도구로 전락해서도 안 될 것이다. 그 이념이 좌익이든 우익이든 국가의 발전에 기여하고, 모든 국민이 안락한 삶을 누릴 수 있도록 그 역할을 해야 한다.

우리는 역사적으로 미국 남북 간의 이념대립과 노예제도의 시비로 말미암은 남북전쟁The Civil War, 수많은 인명과 재산을 파괴한 제1·2차 세계대전, 자유민주주의와 공산주의의 이념 대립에서 시작된 6·25전쟁을 경험하면서 이념 대립이 인류에게 엄청난 재앙을 가져왔음을 경험했다. 특히 제2차 세계대전의 경우에는 수천만 명에 이르는 인명피해가 있었고, 이로써 세계의 정치·경제·문화의 지형이 변했다. 그 결과, 세계는 미국과 서유럽을 중심으로 한 자유민주의 진영과 소련과 동유럽을 중심으로 한 공산주의 진영으로 양분되었다. 이른바 '냉전 체제Cold War'의 시작으로, 이때 전승국인 미국과 영국, 프랑스, 소련, 중국을 중심으로 국제평화와 안전의 유지를 목적으로 하는 국제연합을 설립하는 결과를 가져오기도 했다.

우리나라는 미국을 비롯한 연합국의 승리로 35년간 지속된 일본의 무단정치에서 벗어나 광복을 맞았지만, 그 기쁨은 잠시뿐이었다. 38선을 경계로 북측에는 소련군이, 남측에는 미군이 진주해 군정軍政을 실시하면서 좌·우익의 갈등을 겪게 되었는데, UN의 감시하에 1948년 '5·10 총선거'를 통해 한반도의 유일한 합법정부가 남측에 건국되었다. 그러나 우리가 나라의 기틀을 채 갖추기도 전인 1950년 6월 25일, 북측이 38선 전역에 걸쳐 일제히 공격을 개시함으로써 동족상잔의 비극인 6·25 전쟁이 발발했고, 이로써 한반도의 좌·우익의 대립은 더욱 분명해졌다. 이 전쟁은 1953년 7월 27일 휴전협정이 체결될 때까지 3년 1개월 동안 계속되었고, 그 후로도 우리나라는 북한의 위협에서 자유롭지 못한 실정에 놓여 있다. 그리고 이것이 때로는 남남갈등南南葛藤, 즉 남측에서 이념의 갈등을 불러오기도 한다.

우리는 이러한 역사적인 경험과 교훈을 통해서 대립과 분열이 얼마나 무섭고 인류의 평화를 앗아가는 요인인지 깨닫게 되었다. 저자는 이 책을 통해 좌익과 우익이라는 이념의 분열로 인한 폐해가 어떠한 것인지를 독자에게 전달하려고 했다. 나 또한 저자의 이러한 취지를 독자에게 잘 전달함으로써 모두가 이념의 벽을 뛰어넘어 인류의 평화로운 삶을 열어가기를 희망하며 작은 힘을 보탰다.

용어 설명

대안우파

다문화 세력이 '정치적 올바름'과 '사회적 정의'를 이용해 '백인의 정체성'을 공격하고 백인종과 '백인의 문명'을 훼손한다는 신념을 지닌 극우의 사상, 그리고 그 사상을 지지하는 개인과 집단이다(남부빈곤법률센터Southern Poverty Law Center).

양가적 성차별주의

온정적 성차별주의와 적대적 성차별주의를 아우르는 용어다.

반유대주의

유대인에 대한 적개심 또는 편견을 말한다.

권위주의

질서정연한 사회에 대한 신념으로, 권위를 침해하는 행위는 엄벌에 처해야 한다고 규정한다.

온정적 성차별주의

여성은 도덕적으로 순수하고 신체적으로 약하기 때문에 존중받을 가치가 있고 강한 남성의 보호가 필요하다는 믿음이다.

민주주의

국민 주권과 다수결의 원칙에 기초한 정치 시스템을 일컫는다.

민족주의

사회 구조적으로 한 민족 집단에 의해 지배되는 명목상의 민주정권을 의미한다.

민족다원주의

모든 민족은 평등하지만 집단으로 각각 분리되어 존재해야 한다는 믿음이다.

유럽회의주의

유럽통합의 과정과 유럽연합의 제도에 대한 회의적 시각을 의미한다.

극단우익

민주주의의 본질을 배척하는 극우 사상이다. 사람 사이의 불평등이 자연스럽고 긍정적인 것이라고 믿는다.

가족주의

전통적인 가정이 국가의 기초이며 개인의 재생산권과 자기결정권은 국가의 재생산을 위한 부차적인 권리라는 믿음이다.

극우

극단우익과 급진우익을 아우르는 용어다.

파시즘

전체주의적 조합주의를 바탕으로 윤리적인 국가와 무소불위의 권력을 가진 지도자, 자연스러운 상태에서 일어나는 폭력 및 전쟁으로 충분히 국가의 정화가 가능하다고 생각하는 전체주의 사상으로, 자유주의와 사회주의를 넘어서 '제3의 길'을 열었다.

페모내셔널리즘

이슬람 혐오증을 가진 여성과 그들의 권리를 이민 배척주의에 이용하는 사상이다.

호모내셔널리즘

이슬람 혐오증을 가진 동성애자와 그들의 권리를 이민 배척주의에 이용하는 사상이다.

적대적 성차별주의

여성을 도덕적으로 타락하고 정치적으로 강력한 존재로 본다. 여성들이 페미니즘이나 성적 유혹으로 남성을 통제하려고 한다고 여긴다.

이슬람 혐오증(공포증)

이슬람이나 무슬림에 대한 비이성적인 공포증을 말한다.

자유민주주의

국민주권, 다수결 원칙과 더불어 법치주의, 삼권분립, 소수자의 권리를 보장하는 정치 시스템이다.

이민 배척주의(토착주의)

이민에 반대하고 이민자들을 배척하는 사상으로 다른 문화 출신의 이민자들이 원주민들의 국가적·문화적·종교적 정체성을 왜곡할 것이라 믿는다.

포퓰리즘

사회는 동질적이고 서로 적대적인 두 집단, 즉 순수한 대중과 부패한 엘리트로 구성되며, 대중의 일반의지의 표현이 곧 정치라고 보는 사상이다.

인종차별주의

사람들이 여러 계층의 생물학적 집단(인종)으로 나뉘어져 있다는 믿음을 말한다.

급진우익

민주주의의 본질은 받아들이면서도 자유민주주의의 근본적인 요소에는 반대하는 극우 사상이다. 사람 사이의 불평등이 자연스럽고 긍정적인 것이라고 믿는다.

유해한 남성성

성과 지위, 폭력성, 공격성 등으로 남성성을 정의한다.

주요 연표

1948년	이탈리아사회운동이 처음으로 이탈리아 의회에 진출한다.
1951년	스웨덴 말뫼에서 유럽사회운동이 창당된다.
1952년	독일에서 사회주의국가당이 금지된다.
1956년	네덜란드에서 국가유럽사회운동이 금지된다. 장 마리 르펜을 비롯한 푸자드주의자들이 프랑스 의회에 진출한다. 오스트리아에서 오스트리아자유당이 창당된다.
1961년	스위스에서 국민과국가를위한국가행동이 창당된다.
1964년	독일에서 독일국민민주당이 창당된다.
1968년	조지 월리스가 미국 대선을 치루면서 다섯 주에서 승리를 거둔다. 프랑스에서 유럽문명을위한연구그룹이 설립된다.
1972년	프랑스에서 국민전선이 창당된다.
1973년	진보당이 처음으로 덴마크 의회에 진출한다. 진보당이 처음으로 노르웨이 의회에 진출한다.
1977년	크리스토프 블로허가 스위스인민당 취리히 지부장이 된다. 미 연방대법원이 스코키 사건에 대한 판결을 내린다.
1978년	비례대표선거를 통해 플람스연합이 벨기에 의회에 진출한다.
1979년	플람스연합이 공식 정당으로 창당된다.
1980년	인도인민당이 인도에서 창당된다.
1982년	중앙당이 처음으로 네덜란드 의회에 진출한다.
1984년	유럽우익그룹이 유럽 의회에서 창당된다.
1985년	그리스에서 황금새벽당이 창당된다.

▼

1986년	국민전선이 프랑스 의회에서 35석을 얻는다. 외르크 하이더가 오스트리아자유당의 대표가 된다.
1987년	영국에서 블러드앤어너가 설립된다.
1988년	스웨덴에서 스웨덴민주당이 창당된다.
1989년	유럽우익기술그룹이 유럽 의회에서 창당된다. 체코슬로바키아에서 슬로바키아국민당이 창당된다.
1990년	프라뇨 투지만이 크로아티아 대통령으로 선출된다. 슬로바키아국민당이 처음으로 체코슬로바키아 의회에 진출한다.
1991년	이탈리아에서 북부동맹이 창당된다. 대루마니아당이 창당된다.
1992년	인도에서 민족봉사단이 금지된다. 러시아자유민주당이 창당된다. 슬로바키아국민당이 블라디미르 메시아르 휘하에 연립정부를 결성한다. 대루마니아당이 처음으로 루마니아 의회에 진출한다. 플람스연합에 대항해 벨기에 정당들이 코르동 사니테르를 구축한다.
1993년	인도에서 민족봉사단에 대한 금지령이 해제된다. 러시아자유민주당이 처음으로 러시아 의회에 진출한다. 대루마니아당은 니콜라에 버커로이우 정권에서 연립정부를 결성한다. 블러드앤어너의 설립자 이안 스튜어트가 자동차 사고로 사망한다.
1994년	북부동맹이 실비오 베를루스코니 정권에서 연립정부를 결성한다. 이스라엘에서 카흐가 금지된다.
1995년	이탈리아사회운동이 국민동맹으로 이름을 바꾼다. 진보당으로부터 분리되어 덴마크인민당이 창당된다. 미국 오클라호마시티에서 일어난 극우 테러리스트의 폭탄 테러로 168명이 사망한다.
1996년	인도인민당이 연립 정부를 결성한다.
1997년	호주에서 원네이션(일국당)이 창당된다. 일본에서 일본회의가 설립된다.
1998년	덴마크인민당이 처음으로 덴마크 의회에 진출한다.

▼

1999년	국민연합이 이스라엘 의회에 진출한다. 영국수호리그가 영국에서 창당된다.
2000년	오스트리아자유당이 볼프강 쉬셀 정권에서 연립정부를 결성한다. 대중정교회연대가 그리스에서 창당된다.
2001년	북부동맹이 베를루스코니의 세 번째 내각에서 또다시 정권을 잡는다. 덴마크인민당이 덴마크 우익 성향의 소수정부를 지원한다.
2002년	장 마린 르펜이 대선 2차 결선 투표에 출마한다.
2003년	이탈리아에서 이탈리아공산당이 창당된다. 프랑스에서 아이덴티타리언 블록이 창당된다. 헝가리에서 더나은헝가리를위한운동이 창당된다.
2004년	벨기에서 플람스연합이 해체되고 플람스의이익으로 재창당된다.
2005년	외르크 하이더가 오스트리아자유당을 탈퇴하고, 오스트리아미래동맹을 창당한다.
2006년	헤이르트 빌더르스가 자유당을 창당하고, 네덜란드 의회에 진출한다. 슬로바키아국민당이 로베르트 피초 휘하의 연립정부를 결성한다.
2007년	정체성과 전통 및 주권이 유럽 의회에서 창당된다.
2008년	외르크 하이더가 자동차 사고로 사망한다. 북부동맹이 베를루스코니의 네 번째 내각에서 연립정부를 결성한다. 존 매케인이 세라 페일린을 부통령 후보로 결정한다.
2009년	미국 정부의 구제금융에 대응해 티파티 운동이 시작된다.
2010년	스웨덴민주당이 처음으로 스웨덴 의회에 진출한다. 피데즈가 헝가리에서 과반석을 차지하며 권력을 되찾는다. 더나은헝가리를위한운동이 처음으로 헝가리 의회에 진출한다. 노르웨이에서 극우 테러리스트에 의한 오슬로 폭탄 테러와 우퇴위아섬 총격으로 77명이 사망한다. 슬로바키아에서 국민정당–우리의 슬로바키아가 창당된다. 유럽자유연합이 유럽 의회에서 창당된다.

▼

2011년	마린 르펜이 국민전선의 지도자가 된다. 대중정교회연대가 그리스 정부에 참여한다.
2012년	프랑스에서 세대정체성이 설립된다. 황금새벽당이 처음으로 그리스 의회에 진출한다. 에스토니아인민보수당EKRE이 에스토니아에서 창당된다.
2013년	마테오 살비니가 북부동맹의 지도자가 된다. 독일에서 독일을위한대안이 창당된다. 마리안 코틀레바가 슬로바키아의 반스카비스트리차 주지사로 선출된다. 스페인에서 복스가 창당된다.
2014년	독일에서 페기다가 활동을 시작한다. 인도에서 인도인민당이 다시 집권당이 된다. 유럽의 선거결과 덴마크인민당과 국민전선, 영국독립당은 자국에서 가장 큰 정당이 된다.
2015년	장 마리 르펜이 국민전선에서 제명된다. 에스토니아인민보수당이 처음으로 에스토니아 의회에 진출한다. 국가와 자유의 유럽이 구성되고, 유럽자유연합을 대체한다. 프라우케 페트리가 독일을위한대안의 지도자가 된다. 평화와 자유를 위한 동맹이 공식적으로 창당된다.
2016년	도널드 트럼프가 미국 대선에서 당선된다. 노르베르트 호퍼가 오스트리아 대선에서 거의 당선될 뻔하다. 영국이 국민투표를 통해 유럽연합을 탈퇴하기로 결정한다. 국민정당—우리의 슬로바키아가 처음으로 슬로바키아 의회에 진출한다.
2017년	'유나이트 더 라이트' 랠리가 버지니아주 샬러츠빌에서 열린다. 마린 르펜은 프랑스 대선에서 결선 진출 자격을 얻지만, 당선되지는 못한다. 알렉산더 가울란트와 알리체 바이델이 독일을위한대안의 공동 지도자가 된다. 오스트리아자유당이 세바스티안 쿠르츠 정권에서 연립정부를 결성한다.

▼

2018년	북부동맹은 '북부'를 삭제하고 당명을 동맹으로 개칭한다. 자이르 보우소나루가 브라질 대통령으로 당선된다. 국민전선은 당명을 국민연합으로 개칭한다. 동맹은 주세페 콘티 정권에서 포퓰리즘 연합정부를 결성한다. 리쿠드가 지배하는 이스라엘 정부가 기본법을 통과시킨다.
2019년	뉴질랜드 크라이스트처치에 있는 이슬람 사원 두 곳에서 50명이 사망한다. 복스가 처음으로 스페인 의회에 진출한다. 에스토니아인민보수당이 위리 라타스 정권에서 연립정부를 결성한다. 오스트리아 정부는 오스트리아자유당 스캔들로 인해 발목을 잡힌다. 유럽선거 결과, 브렉시트당과 피데스, 동맹, 법과정의, 국민연합은 자국에서 가장 큰 정당이 된다.

참고문헌

극우는 요즘 가장 많이 논의되는 정치 화두 가운데 하나로 그것을
다루는 다양한 학술 및 비학술 문헌을 찾아볼 수 있다. 그러나 대
부분의 자료는 서유럽의 급진우익 정당에만 초점을 맞추어 다른
지역에서 활동하는 단체에 대해서는 연구가 부족하다.

이 책이 시도한 것처럼 아주 극소수의 책만이 전 세계의 극우를
다뤘다. 여기서는 극우에 관한 좀더 접근하기 쉽고 유용한 (영어로 된)
문헌을 소개한다. 극우를 다룬 훌륭한 두 권의 책은 옌스 라이드그렌
Jens Rydgren의 저서 《급진우익의 안내서》[1]와 나의 저서 《우익포퓰리
즘》[2]이다.

장 이브 카뮈Jean-Yves Camus와 니콜라 르부르Nicolas Lebourg의 공저
《유럽의 극우파들》[3]은 전후 유럽 극우의 역사에 대한 매우 광범위
한 개요를 제공한다. 안드레아 맘몬Andrea Mammone과 엠마뉴엘 고딘
Emmanuel Godin, 브라이언 젠킨스Brian Jenkins의 공저 《유럽의 극단우

---

1 Jens Rydgren(ed.), *The Oxford Handbook of the Radical Right,* Oxford University Press,
2018.
2 Cas Mudde(ed.), *The Populist Radical Right: A Reader,* Routledge, 2017.
3 Jean-Yves Camus and Nicolas Lebourg, *Far-Right Politics in Europe,* Harvard
University Press, 2017(국내에는 《유럽의 극우파들》(한울아카데미, 2017)로 출간됨).

익의 다양성》[4]은 극우의 이념과 조직 형태를 폭넓게 다뤘다. 칩 베를레트Chip Berlet과 매튜 N. 라이온스Matthew N. Lyons의 공저《미국의 우익포퓰리즘: 그들은 가까이 와 있다》[5]는 미국의 극우 역사에 관해 다룬 책으로, 오래 전에 출간된 책이긴 하지만 여전히 읽을 가치가 충분하다. 베티 A. 도브라츠Betty A. Dobratz와 스테파니 L. 샨크스마일 Stephanie L. ShanksMeile의 공저《미국의 백인 분리 운동》[6]은 분열된 미국 극우에 관해 백과사전식의 정보를 제공한다. 이와 비슷한 백과사전류는 스티븐 E. 앳킨스Stephen E. Atkins의 저서《현대 미국 역사에서 극단우익에 관한 연구》[7]가 있다. 동유럽 극우에 대한 소개는 마이클 밍켄베르크Michael Minkenberg의 저서《동유럽의 급진우익: 민주주의는 포위당했는가?》[8]나 베라 스토자로바Vera Stojarova의 저서《발칸반도의 극우》[9]를 추천한다.

극우 이념과 쟁점에 대해 알고 싶다면, 루스 워닥Ruth Wodak의 저

4 Andrea Mammone, Emmanuel Godin, and Brian Jenkins(eds.), *Varieties of Right-Wing Extremism in Europe,* Routledge, 2012.

5 Chip Berlet and Matthew N. Lyons, *Right-Wing Populism in America: Too Close for Comfort,* The Guilford Press, 2000.

6 Betty A. Dobratz and Stephanie L. Shanks-Meile, *The White Separatist Movement in the United States,* Johns Hopkins University Press, 2000.

7 Stephen E. Atkins(ed.), *Encyclopedia of Right-Wing Extremism in Modern American History,* ABC-CLIO, 2011.

8 Michael Minkenberg(ed.), *The Radical Right in Eastern Europe: Democracy under Siege?,* Palgrave Macmillan, 2017.

9 Vera Stojarova, *The Far Right in the Balkans,* Manchester University Press, 2013.

서《공포의 정치: 정당한 포퓰리스트 담론의 의미》[10]를 추천한다. 이 책은 극우의 변칙적인 전략을 잘 분석했다. 극우 이념에 대한 광범위한 분석은 가브리엘라 라자리디스Gabriella Lazaridis와 조반나 캄파니 Giovanna Campani, 애니 벤베니스트Annie Benveniste의 공저《유럽에서 극우의 상승세: 포퓰리스트의 변화 및 '다른 사람들'》[11]에서 잘 다뤘다. 소피아 바실로풀루Sofia Vasilopoulou의 저서《극우 정당과 유럽회의론: 반대의 패턴》[12]은 극우 유럽회의주의에 대한 책이다. 미국의 경우 조지 홀리George Hawley의 저서《미국 보수주의의 우익 비평》[13]이 미국 급진우익의 역사를 백과사전처럼 총망라했다. 마크 세드윅 Mark Sedgwick의 저서《급진우익의 주요 사상가: 자유민주주의에 대한 새로운 위협》[14]은 극우의 역사와 현대 극우의 핵심 사상가들을 다뤘다.

급진우익의 조직에 관한 책은 데이비드 아트David Art의 저서《급

---

10 Ruth Wodak, *The Politics of Fear: What Right-Wing Populist Discourses Mean*, Sage, 2015.

11 Gabriella Lazaridis, Giovanna Campani, and Annie Benveniste(eds.), *The Rise of the Far Right in Europe: Populist Shifts and "Othering"*, Palgrave Macmillan, 2016.

12 Sofia Vasilopoulou, *Far Right Parties and Euroskepticism: Patterns of Opposition*, Rowman & Littlefield, 2018.

13 George Hawley, *Right-Wing Critics of American Conservatism*, Kansas University Press, 2016.

14 Mark Sedgwick(ed.), *Key Thinkers of the Radical Right: Behind the New Threat to Liberal Democracy*, Oxford University Press, 2019.

진우익의 발전: 서유럽의 반이민 정당 개발》[15]과 라인하르트 하이니쉬Reinhard Heinisch와 오스카 마졸레니Oscar Mazzoleni의 공저《포퓰리즘 정당의 이해: 서유럽의 급진우익》[16], 던컨 맥도넬Duncan McDonnell과 안니카 베르너Annika Werner의 공저《국제 포퓰리즘: 유럽의회 내 급진우익》[17]을 추천한다. 이 책들은 유럽의회 내 극우 정당들의 복잡한 협력관계를 분석했다. 마틴 더럼Martin Durham과 마거릿 파워Margaret Power의 공저《초국가 권리에 대한 새로운 관점》[18]은 20세기 초부터 유럽과 북미의 극우 단체들 사이의 광범위한 협력에 대해 다뤘다. 카테리나 프리오Caterina Froio와 피에트로 카스텔리 가티나라Pietro Castelli Gattinara, 조르지아 불리Giorgia Bulli, 마테오 알바네세Matteo Albanese의 저서《카사파운드 이탈리아의 하이브리드 정치》[19]는 카사파운드 이탈리아에 관한 훌륭한 책이다.

버트 크랜더스만Bert Klandersmans과 노나 메이어Nonna Mayer의 공

15 David Art, *Inside the Radical Right: The Development of Anti-Immigrant Parties in Western Europe,* Cambridge University Press, 2011.
16 Reinhard Heinisch and Oscar Mazzoleni(eds.), *Understanding Populist Party Organization: The Radical Right in Western Europe,* Palgrave Macmillan, 2016.
17 Duncan McDonnell and Annika Werner, *International Populism: The Radical Right in the European Parliament,* Hurst, 2019.
18 Martin Durham and Margaret Power, *New Perspectives on the Transnational Right,* Palgrave, 2010.
19 Caterina Froio, Pietro Castelli Gattinara, Giorgia Bulli, and Matteo Albanese, *The Hybrid Politics of CasaPound Italia,* Routledge, 2019.

저《유럽의 극우 운동가: 돋보기》[20]는 서유럽 극우 단체의 주요 인물들에 대한 훌륭한 통찰력을 제공했다.

극우가 사람들을 어떻게 동원하는가에 관한 대부분의 연구는 (서구) 유럽 정당에만 초점이 맞춰진 경우가 많다. 고전적인 연구는 한스-조그 베츠Hans-Georg Betz의 저서《서유럽의 우익포퓰리즘》[21]을 추천한다. 극우 운동에 대해서는 도나텔라 델라 포르타Donatella della Porta와 마누엘라 카이아니Manuela Caiani, 클라우디우스 웨이지만Claudius Wagemann의 공저《극우의 동원: 독일과 이탈리아, 그리고 미국》[22]과 로렌스 로젠탈Lawrence Rosenthal, 크리스틴 트로스트 Christine Trost의 공저《급변화: 벼랑 끝에서 상승한 티파티》[23]와 같은 책들이 있다. 유럽과 미국 외에서는 히구치 나오토의 저서《일본의 극우》[24]와 크리스토프 잘프렐롯Christophe Jalffrelot의 저서《의용 일가》[25]가 각각 일본과 인도의 극우를 연구했다. 맥스 테일러Max

----

20 Bert Klandersmans and Nonna Mayer(eds.), *Extreme Right Activists in Europe: Through the Magnifying Glass,* Routledge, 2009.

21 Hans-Georg Betz, *Radical Right-Wing Populism in Western Europe,* Macmillan, 2004.

22 Donatella della Porta, Manuela Caiani, and Claudius Wagemann(eds.), *Mobilizing on the Extreme Right: Germany, Italy and the United States,* Oxford University Press, 2012.

23 Lawrence Rosenthal and Christine Trost (eds.), *Steep: The Precipitous Rise of the Tea Party,* University of California Press, 2012.

24 Naoto Higuchi, *Japan's Ultra-Right,* Trans Pacific Press, 2014.

25 Christophe Jalffrelot(ed.), *The Sangh Parivar: A Reader,* Oxford University Press, 2005.

Taylor, P.M. 커리P.M. Currie와 도널드 홀브룩Donald Holbrook의 공저 《극우의 정치 폭력과 테러리즘》[26]은 유럽과 미국의 극우의 정치 폭력과 테러리즘에 대한 종합적인 개요를 제공한다. 호세 페드로 주케트José Pedro Zouquete의 저서 《유럽에서의 세계주의와 이슬람에 반대하는 운동》[27]은 아이텐티타리언 운동에 관한 책이다.

하위문화 분야에서는 조지 홀리George Hawley의 저서 《대안우파 이해하기》[28], 게리 암스트롱Gary Armstrong의 저서 《축구 훌리건들: 그들을 아는 것》[29] 케빈 보르게슨Kevin Borgeson과 로빈 발레리Robin Valeri의 공저 《스킨헤드의 역사와 정체성, 문화》[30]는 대안우파, 훌리건, 스킨헤드에 관한 핵심적인 연구다. 신시아 밀러-아이드리스 Cynthia Miller-Idriss의 저서 《극단주의의 주류화: 독일의 상업화와 극우 청년 문화》[31]는 극우 문화의 주류화에서 그들의 복장의 중요성에 대해 자세히 다룬 책이다. 커스틴 다이크Kirsten Dyck와 라이히스록

26 Max Taylor, P.M. Currie, and Donald Holbrook(eds.), *Extreme Right-Wing Political Violence and Terrorism,* Bloomsbury, 2013.

27 José Pedro Zouquete, The Identitarians: *The Movement Against Globalism and Islam in Europe,* University of Notre Dame Press, 2018.

28 George Hawley, *Making Sense of the Alt-Right,* Columbia University Press, 2017.

29 Gary Armstrong, *Football Hooligans: Knowing the Score,* Berg, 2003.

30 Kevin Borgeson and Robin Valeri, *Skinhead History, Identity and Culture,* Routledge, 2017.

31 Cynthia Miller-Idriss, *The Extreme Gone Mainstream: Commercialization and Far Right Youth Culture in Germany,* Princeton University Press, 2017.

Reichsrock의 공저《백인의 힘과 네오나치 음악의 국제적인 관계》[32]는 백인의 힘, 음악의 중요성을 다뤘다.

급진우익의 발흥 원인에 대한 핵심 이론은 영국의 전후 사정 속에서 로버트 포드Robert Ford와 매튜 굿윈Matthew Goodwin의 저서《우리의 반란: 영국의 급진우익에 대한 지지를 설명하다》[33]에서 간결하게 논의되고 제시되었다. 다른 중요한 이론들은 메이블 베레진Mabel Berezin의 저서《신자유주의 시대의 반자유주의 정치: 유럽의 문화와 안보, 포퓰리즘》[34]과 옌스 라이드그렌Jens Rydgren의 저서《계급 정치와 급진우익》[35]을 추천한다. 미국의 경우, 캐슬린 벨루Kathleen Belew의 저서《자국 내의 전쟁: 미국 백인의 힘, 운동과 불법 무장 단체》[36], 크리스토퍼 S. 파커Christopher S. Parker와 매트 A. 바레토Matt A. Barreto의 공저《그들이 믿을 수 있는 변화: 미국의 티파티와 반동정치》[37]는 독창적인 시각으로 미국 극우를 연구했다. 미디어의 역할에 대해서

32 Kirsten Dyck, Reichsrock: *The International Web of White- Power and Neo-Nazi Hate Music,* Rutgers University Press, 2017.

33 Robert Ford and Matthew Goodwin, *Revolt on the Right: Explaining Support for the Radical Right in Britain,* Routledge, 2014.

34 Mabel Berezin, *Illiberal Politics in Neoliberal Times: Culture, Security and Populism in the New Europe,* Cambridge University Press, 2009.

35 Jens Rydgren(ed.), *Class Politics and the Radical Right,* Routledge, 2013.

36 Kathleen Belew, *Bring the War Home: The White Power Movement and Paramilitary America,* Harvard University Press, 2018.

37 Christopher S. Parker and Matt A. Barreto, *Change They Can Believe In: The Tea Party and Reactionary Politics in America,* Princeton University Press, 2013.

는 안토니스 A. 엘리나스Antonis A. Ellinas의 저서《서유럽의 미디어 및 극우: 민족주의자들의 패》[38]와 니콜 헤머Nicole Hemmer의 저서《우익의 메신저: 보수적 언론과 미국 정치의 변혁》[39]을 추천한다.

극우의 결과에 대한 연구는 비교적 최근의 것이다. 일부 연구에서는 특히 이민과 관련하여 급진우익의 특정 정책 효과에만 초점을 맞췄다. 대표 연구로는 주앙 카르바로João Carvalho의 저서《극우 정당이 이민정책에 미치는 영향: 영국과 프랑스, 이탈리아 비교》[40]가 있다. 다른 연구들은 유럽의 급진우익 정당들을 연구했다. 티츠케 악커만, 사라 L. 드 랭, 마티즈 뢰두이엔 공저의《유럽의 우익포퓰리즘 정당들이 주류화되었는가?》[41]가 있으며, 스티븐 월리네츠Steven Wolinetz와 안드레 잘스로브Andrej Zaslove의 공저《흡수: 포퓰리즘 정당과 그들의 정당 시스템이 미친 영향》[42]과 같은 책은 극우 정당 시스템이 미치는 영향을 다뤘다. 특히, 동유럽의 경우에는 마이클 밍켄베르그

---

38 Antonis A. Ellinas, *The Media and the Far Right in Western Europe: Playing the Nationalist Card*, Cambridge University Press, 2010.

39 Nicole Hemmer, *Messengers of the Right: Conservative Media and the Transformation of American Politics*, University of Pennsylvania Press, 2016.

40 João Carvalho, *Impact of Extreme Right Parties on Immigration Policy: Comparing Britain, France and Italy*, Routledge, 2014.

41 Tjitske Akkerman, Sarah L. de Lange, and Matthijs Rooduijn(eds.), *Radical Right-Wing Populist Parties in Europe: Into the Mainstream?*, Routledge, 2015.

42 Steven Wolinetz and Andrej Zaslove(eds.), *Absorbing the Blow: Populist Parties and Their Impact on Parties and Party Systems*, ECPR Press, 2018.

Michael Minkenberg의 저서《정치 과정에서의 동유럽 급진우익》[43]을 추천한다.

극우 정치에 대한 대응에 관한 연구가 최근 증가했다. 대표적인 책으로는 윌리엄 다운스William Downs의 저서《민주주의의 정치적 극단주의: 편협함과 맞서 싸우는 법》[44], 에리히 블레히Erich Bleich의 저서《인종차별주의자가 되는 자유: 미국과 유럽이 자유 보존과 인종차별 퇴치를 위해 투쟁하는 방법》[45], 베텔스만 재단에서 출판한《유럽의 극단우익을 퇴치하기 위한 전략》[46], 좀더 오래된 연구로는 로저 이트웰Roger Eatwell과 나의 공저《서구 민주주의 국가와 극단우익의 새로운 도전》[47]가 있다.

극우 내 성별의 중요성에 대해 다룬 책도 있다. 고전적 연구로는 캐슬린 블리Kathleen Blee의《극우 조직 내부에서의 인종차별주의: 혐

---

43 Michael Minkenberg(ed.), *Transforming the Transformation? The East European Radical Right in the Political Process*(Routledge, 2015).

44 William Downs, *Political Extremism in Democracies: Combating Intolerance*(Palgrave Macmillan, 2012).

45 Erich Bleich, *The Freedom To Be Racist? How the United States and Europe Struggle to Preserve Freedom and Combat Racism,* Oxford University Press, 2011.

46 Bertelmans Stiftung(ed.), *Strategies for Combating Right-Wing Extremism in Europe,* Bertelmans Stiftung, 2010.

47 Roger Eatwell and Cas Mudde(eds.), *Western Democracies and the New Extreme Right Challenge,* Routledge, 2003.

오운동의 여성들》[48]이 있다. 그리고 보다 최근의 연구로는 신시아 밀러-아이드리스Cynthia Miller-Idriss와 힐러리 필킹턴Hillary Pilkington 의 공저《성별과 급진우익: 전염의 메커니즘과 교육적 개입의 역할》[49]이 있다. 마지막으로 마이클 킴멜Michael Kimmel의 저서《혐오의 치유: 젊은 남성들이 어떻게 폭력적인 극단주의에 빠져들고, 탈출하는가》[50]는 남성성에 초점을 맞췄다.

극우 성향 언론인들에 대한 가장 좋은 분석은 사샤 폴라코우 수란스키Polakow-Suransky의 저서《당신이 왔던 곳으로 돌아가라: 이민에 대한 반발과 서구 민주주의의 운명》[51]이 있으며, 닉 라이언Nick Ryan 의 저서《조국: 세계적인 혐오 속으로》[52] 중 일부 페이지도 추천한다. 미국 현대 급진우익에 관한 신간 서적들이 쓰나미처럼 쏟아지는 가운데, 데이비드 니워트David Niewert의《대안우파와 미국: 트럼프 시

48 Kathleen Blee, *Inside Organized Racism: Women in the Hate Movement,* University of California Press, 2002.

49 Cynthia Miller-Idriss and Hillary Pilkington(eds.), *Gender and the Radical and Extreme Right: Mechanisms of Transmission and the Role of Educational Interventions,* Routledge, 2019.

50 Michael Kimmel, *Healing from Hate: How Young Men Get Into - and Out of - Violent Extremism,* University of California Press, 2018.

51 Sasha Polakow-Suransky, *Go Back to Where You Came From: The Backlash Against Immigration and the Fate of Western Democracy,* Nation Books, 2017.

52 Nick Ryan, *Homeland: Into a World of Hate,* Mainstream, 2003.

대 급진우익의 부상》[53]은 그 깊이와 범위가 돋보인다.

전직 극우 활동가들의 자서전 중 크리스티안 피콜리니Christian Picciolini의 저서《미국의 젊은 백인들: 내가 미국에서 가장 폭력적인 혐오운동을 하게 된 이유와 어떻게 탈출했는가》[54]와 프랭크 미링크 Frank Meink와 조디 M. 로이Jody M. Roy의 공저《정상으로 돌아온 스킨헤드의 자서전》[55], 그리고 잉고 하셀바흐Ingo Hasselbach의 저서《총통: 전 네오나치의 회고록》[56]을 추천한다.

마지막으로 극우의 행사와 개인, 단체에 대한 최신 정보를 제공하는 여러 학술단체와 비정부기관이 있으며, 여기에는 다음의 사이트들이 유용하다.

- **반명예훼손연맹**ADL: www.adl.org
- **극단주의연구센터**C-REX: www.sv.uio.no/c-rex/english
- **우익연구센터**CRWS: crws.berkeley.edu
- **호프낫해이트**HNH: www.hopenothate.org.uk

---

53 David Niewert, *Alt-America: The Rise of the Radical Right in the Age of Trump*, Verso, 2018.

54 Christian Picciolini, *White American Youth: My Descent into America's Most Violent Hate Movement - and How I Got Out*, Hachette, 2017.

55 Frank Meeink and Jody M. Roy, *Autobiography of a Recovering Skinhead*, Hawthorne, 2010.

56 Ingo Hasselbach, *Führer-Ex: Memoirs of a Former Neo-Nazi*, Random House, 1996.

- 정치연구조합PRA: www.politicalresearch.org

- 남부빈곤법률센터SPLC: www.splcenter.org

찾아보기

혐오와 차별은 어떻게 정치가 되는가
열 가지 키워드로 읽는 21세기 극우의 현장

초판 1쇄 인쇄 2021년 2월 19일 **초판 1쇄 발행** 2021년 2월 26일

지은이 카스 무데
옮긴이 권은하
펴낸이 연준혁 이승현

편집 4부서 부서장 김남철
편집 신민희
디자인 김태수

펴낸곳 ㈜위즈덤하우스 **출판등록** 2000년 5월 23일 제13-1071호
주소 경기도 고양시 일산동구 정발산로 43-20 센트럴프라자 6층
전화 031)936-4000 **팩스** 031)903-3893 **홈페이지** www.wisdomhouse.co.kr

ISBN 979-11-91425-57-4 03340